UNA VIDA HOMOSEXUAL

UNA VIDA HOMOSEXUAL

Ser gay: 50 años de reflexión y aprendizaje

Marina Castañeda

Grijalbo

Una vida homosexual
Ser gay: 50 años de reflexión y aprendizaje

Primera edición: octubre, 2019

D. R. © 2019, Marina Castañeda

D. R. © 2019, derechos de edición mundiales en lengua castellana:
Penguin Random House Grupo Editorial, S. A. de C. V.
Blvd. Miguel de Cervantes Saavedra núm. 301, 1er piso,
colonia Granada, delegación Miguel Hidalgo, C. P. 11520,
Ciudad de México

www.megustaleer.mx

ISBN: 978-607-318-410-6

Impreso en México – *Printed in Mexico*

El papel utilizado para la impresión de este libro ha sido fabricado a partir de madera
procedente de bosques y plantaciones gestionadas con los más altos estándares ambientales,
garantizando una explotación de los recursos sostenible con el medio ambiente y beneficiosa para las personas.

Penguin
Random House
Grupo Editorial

Índice

Introducción

A mis 63 años me ha tocado vivir una de las transformaciones culturales más rápidas y sorprendentes de la historia: la aceptación social de la homosexualidad en el mundo occidental. Las encuestas, los medios, las artes y las leyes reflejan una creciente "normalización" de la homosexualidad, que se ha vuelto cada vez más visible, tanto en la vida privada como la pública. Cada vez más gente conoce a personas o parejas gays; cada vez más personajes de la vida pública viven abiertamente su orientación homosexual, ya sea en el mundo de la política, del espectáculo, del deporte, de la literatura o las artes, sin suscitar mayor escándalo ni crítica. En la mayoría de los países occidentales ya existe el matrimonio o la unión civil entre personas del mismo sexo.

Y todo ello ha sucedido en menos de 40 años, tras siglos de reprobación, ocultamiento y condena social, eclesiástica y legal. La aceptación de la homosexualidad se ha extendido más rápido que la del aborto o incluso del divorcio en algunos países. Las principales asociaciones médicas, psiquiátricas y psicológicas del mundo occidental ya no consideran la homosexualidad como una patología y, por tanto, ya no pretenden "curarla". Los derechos civiles de la gente gay han avanzado más rápido incluso que la igualdad de género: en ciertos aspectos, la liberación gay ha logrado más, en tres décadas, que el feminismo en un siglo.

Se considera que el movimiento de liberación gay empezó en junio de 1969, con las manifestaciones contra una redada policiaca en el Stonewall Inn, un bar gay en el Greenwich Village de Nueva York. Así como la lucha obrera tiene su fecha emblemática el 1° de mayo en conmemoración de una manifestación de obreros que se tornó violenta en Chicago en 1886, la lucha por la despenalización y los derechos civiles de los homosexuales tiene su fecha simbólica cada junio desde 1970, y ahora se celebra en las principales ciudades del mundo occidental bajo el nombre de Orgullo gay.

En 1969 yo tenía 13 años y apenas estaba tomando consciencia de mi homosexualidad, aunque no conociera la palabra ni el concepto. Mi vida como lesbiana inició exactamente al mismo tiempo que el movimiento de liberación gay, y ha transcurrido en paralelo a él durante cinco décadas. A la par de la gran mayoría de la gente gay de mi edad, me tocó vivir la confusión y la soledad, los amores desdichados, la exploración sexual con hombres y mujeres, la salida del clóset, la adolescencia y juventud en los bares, las relaciones prohibidas y secretas, y luego la edad adulta con relaciones más largas, estables y abiertas.

Cuando se legalizó la unión civil en la Ciudad de México, mi compañera y yo fuimos de las primeras parejas en registrarse en la delegación Coyoacán; cuando se legalizó el matrimonio, nos casamos. En esas ocasiones no tuvimos las celebraciones familiares ni sociales de una pareja heterosexual: salvo un par de excepciones, no asistieron mis familiares ni los de mi pareja. Nos unimos sólo frente a algunas amistades, como lo relataré más adelante. Pero pudimos hacerlo según la ley: algo inconcebible sólo unos años atrás. Fue algo real en términos legales, e indispensable para nuestra seguridad. De no haber podido hacerlo, viviríamos todavía en un limbo jurídico que, sin duda, afectaría los aspectos más importantes de nuestra vida en común: tutela en caso de enfermedad o incapacidad, herencia, propiedad, derechos de todo tipo. Mi vida y la de mi pareja hubieran sido muy diferentes, de haber nacido sólo 10 años antes.

A lo largo de estas cinco décadas he experimentado en carne propia tanto el lado luminoso como el oscuro de la vida homosexual. Podría decir que, si bien he sido realmente privilegiada en muchos sentidos, también he padecido, si no la discriminación abierta, cierta marginación familiar, profesional y social. Mi experiencia ha sido por ende singular en muchos aspectos, y representativa en otros. Es de todo ello que quisiera ahora escribir.

Fui psicoterapeuta en la Ciudad de México durante 25 años, trabajando con centenares de personas gays y sus padres. De mis observaciones e investigación al respecto surgieron dos libros, *La experiencia homosexual* y *La nueva homosexualidad*. El primero, que describe la psicología de la homosexualidad y que fue originalmente dirigido a profesionales de la salud mental, ha sido traducido a varios idiomas, y sigue editándose regularmente en México y Francia; su más reciente edición fue en Letonia en 2017. En el segundo examiné algunos aspectos sociales, económicos, jurídicos y culturales de la homosexualidad actual. Pero más allá de la investigación, fue mi trabajo como psicoterapeuta lo que me permitió familiarizarme con aspectos de la vida homosexual que jamás habría podido conocer de otra forma. De ello también escribiré en estas páginas.

De una vez aclaro que gran parte de las consideraciones teóricas y los datos que presentaré aquí ya fueron expuestos y documentados en mis libros anteriores. Por ello, he decidido no cargar este texto de referencias bibliográficas; los lectores que así lo deseen podrán consultar los libros susodichos y su aparato bibliográfico, así como la multitud de estudios que se han publicado desde entonces. Cabe señalar asimismo que he cambiado todos los nombres propios en esta narrativa salvo los de mi familia, para proteger la privacidad de terceras personas.

Otra aclaración acerca del vocabulario que empleo. Los términos *homosexual*, *gay*, LGBT y sus derivados están todos cargados de significados ideológicos y políticos que tienen que ver con la historia del movimiento de liberación gay. Hoy en día muchos activistas y estudiosos han dejado de usar la palabra *homosexual* por su antigua connotación patológica. Y el término *gay* en la actualidad, por lo general, se refiere exclusivamente a los varones, por lo cual, si se quiere hablar de hombres y mujeres, se debe decir "gays y lesbianas". Sin embargo, he mantenido el uso de *homosexual* y de *gay* como términos masculino y femenino por varias razones. En primer lugar porque prefiero no cargar el texto de palabras y siglas que puedan entorpecer la lectura. En segundo, porque es probable que la mayoría de los lectores de este libro no estén al tanto de las sutilezas y connotaciones del vocabulario más reciente en el campo de los estudios gay. Y en tercero, las palabras *homosexual*, *homosexualidad* y *gay* para significar tanto a mujeres como a hombres son los términos con los que crecí: por todo ello prefiero mantener su uso aunque ya no sea políticamente correcto.

Lo novedoso de este libro, en comparación con mis escritos anteriores, consiste en presentar la forma en la que yo misma he vivido la homosexualidad en sus aspectos personal, familiar, social y profesional. Describo así algunos de los eventos más importantes de mi propia experiencia como lesbiana a lo largo de los últimos 50 años. En paralelo, y para situarlos en su contexto, presento pequeñas instantáneas de lo que estaba sucediendo en mi entorno social en cada uno de esos momentos clave. Aclaro sin embargo que estas breves descripciones históricas se limitan a mi contexto social, económico, cultural y geográfico: no pretendo escribir una historia de la homosexualidad, sino sólo dar al lector alguna idea del contexto en el que me tocó crecer y desarrollarme como mujer homosexual.

En este libro, que no es más que una crónica personal, tomo muchas libertades que hubieran sido impensables en mis ensayos anteriores. Así, a lo largo del texto me permito expresar opiniones muy personales sobre lo que he aprendido y sobre lo que significa en la actualidad ser homosexual. Aun así, creo que la gran mayoría de la gente gay se reconocerá en muchos aspectos. Espero que al público heterosexual también le interese descubrir cómo ha transcurrido la vida de una mujer lesbiana durante las últimas cinco décadas, tanto en México como en Francia, Suiza y Estados Unidos.

Capítulo uno

Primer amor

En 1969, la homosexualidad todavía era ilegal en Estados Unidos. En la esfera privada, las relaciones homoeróticas, aun entre adultos consintientes, eran delictivas. En la esfera pública, no era aceptable que personas del mismo sexo bailaran juntas, se tomaran de la mano, se besaran o vistieran ropa del otro género. Sin embargo, en muchas ciudades existían bares que operaban como clubes privados, en los cuales la gente gay podía reunirse de manera más o menos segura, bajo la protección de la mafia o de policías corruptos.

En la madrugada del sábado 28 de junio de 1969 uno de esos bares en el Greenwich Village de Nueva York fue objeto de una redada policiaca, en la cual varios empleados y clientes fueron detenidos por venta ilegal de alcohol y conductas públicas indecentes. Pero a diferencia de otras veces, en lugar de huir y esconderse, en esta ocasión alrededor de 400 clientes y vecinos confrontaron a los oficiales con insultos y pedradas. La revuelta se sostuvo, de manera intermitente, durante cinco días y llegó a reunir a varios miles de manifestantes.

Las revueltas del Stonewall Inn fueron históricamente importantes por varias razones. Marcaron la primera vez que los homosexuales protestaron de una manera activa, pública y masiva contra la discriminación y la persecución policiaca, en lugar de sufrirlas pasivamente. Asimismo, por primera vez se solidarizaron gays, lesbianas, travestis y heterosexuales progresistas en una causa percibida como común, en un momento histórico de protesta por los derechos de los afroamericanos y de las mujeres, y en contra de la guerra de Vietnam. Asimismo, la redada del Stonewall Inn sirvió de catalizador para los agrupamientos gays que ya existían y llevó al surgimiento de otros nuevos, dando forma y estructura a la lucha por los derechos civiles de las minorías sexuales. Es por ello que se celebra el mes del Orgullo gay cada año desde 1970, casi siempre en junio, en un número creciente de ciudades, sobre todo en el mundo occidental.

Es 1969 y tengo 13 años. Estoy enamorada de una chica de mi escuela, el Liceo Franco-Mexicano en la Ciudad de México. Juliana es reservada y solitaria como yo, estudiante de música como yo, y se pasa el recreo sola, leyendo o hablando con una profesora que también me ha tomado bajo su ala. No estamos en la misma clase, porque me lleva cuatro años. Pero nuestra maestra nos presentó y nos hemos vuelto amigas, compartiendo nuestro amor por la música y la lectura —y la soledad—. Nunca la he visto fuera de la escuela, porque sus padres no le permiten salir y pasa su tiempo libre estudiando piano. Diariamente nos vemos en el recreo, a veces leemos juntas abrazadas o tomadas de la mano. Su mirada melancólica, sus gestos de ternura, me hacen creer que anhela, al igual que yo, un acercamiento físico entre nosotras… Sueño con darle un beso en la boca. No dudo de que me ama como yo la amo, y que el único obstáculo a nuestro romance es que no podamos vernos fuera de la escuela.

Pero recientemente ha pasado algo terrible: Juliana se ha enamorado de un chico de su salón. Ahora pasa nuestros pocos ratos compartidos hablándome de él y de su infelicidad por no poder salir con él. Peor aún, poco a poco se ha alejado de mí, porque ahora se junta con él durante el recreo y ya casi no la veo. Lo odio. Cada vez que los veo hablar a través de la reja que separa el patio de los niños del de las niñas me siento sola y traicionada.

Por fin decido hacer algo, jugármela: le escribo a Juliana una carta de amor de las que sólo se pueden escribir en la adolescencia, llena de pasión, rabia, dolor y suplicación. Durante el recreo la llevo a un salón vacío, cierro la puerta y le tiendo la carta sin decir nada. No puedo hablar, estoy helada de miedo, en una mano aprieto con todas mis fuerzas una pequeña piedra, un talismán de la buena suerte que desde la infancia me ha acompañado en todos mis momentos importantes. Cuando Juliana termina de leer la carta me dice que también me quiere mucho, que siempre seremos amigas… y en ese momento me doy cuenta de que no ha entendido lo que siento por ella. Sin atreverme a mirarla a los ojos le explico entre dientes que no la amo como una amiga, sino como un hombre puede amar a una mujer. Silencio. Cuando por fin levanto la vista, nada más alcanzo a ver su expresión de horror. Sale corriendo del salón, dejándome sola con la piedra y con mis lágrimas.

Nunca más me dirigirá la palabra. No contesta mis cartas, y cuando me ve en el patio del recreo se aleja sin saludarme ni mirarme. Nuestra profesora, quien lo ha comprendido todo, me aconseja dejar de buscarla e intentar olvidarla. No puedo. Meses después, sumida en la soledad más absoluta, opto por una medida extrema: una noche que mis padres han salido me tomo las pastillas de dormir de mi mamá, con la intención de llegar a la escuela al día siguiente para morirme a los pies de Juliana y así demostrarle la profundidad de mi amor eterno. Entonces sí, pienso ilógicamente, tendrá que apiadarse de mí y volver a hablarme.

Por supuesto, al día siguiente no llego a la escuela. Amanezco en un hospital, mis papás mirándome despavoridos desde el pie de la cama. No puedo decirles que me he enamorado de una chica, intuyo que es mejor quedarme callada. Días después regreso a la escuela, entre las miradas consternadas de los maestros —soy la alumna consentida de casi todos ellos— y a los dos meses termina el año escolar. Nunca más intento acercarme a Juliana, de quien sigo enamorada en silencio. Y ella, habiendo llegado al final de la preparatoria, regresa a su país natal y desaparece de mi vida para siempre. Muchos años después, a través de nuestra maestra con quien sigue en contacto, me enteraré de que Juliana estudió medicina y se casó.

Es así como por primera vez, a los 14 años, registré que había algo prohibido y que debía mantener en secreto en mis sentimientos hacia las chicas. Yo misma no veía en ello nada malo; me parecía natural. Mis dos hermanos varones, mayores, salían con chicas… y yo, ¿por qué no?

Desde siempre había sentido más afinidad con los niños que con las niñas. Hasta cierto punto era lógico, dado que tenía dos hermanos varones: Andrés, hijo de mi mamá de un matrimonio anterior, quien me llevaba 11 años, y Jorge, tres años mayor que yo. El primero dejó la casa a los 18 años y se fue a estudiar, por lo que conviví más con el segundo. Mis compañeros de juego, durante mi infancia y temprana adolescencia, siempre fueron Jorge y sus amigos, todos varones. Yo me vestía como ellos, muchas veces con la ropa que ya no le quedaba a mi hermano. Con ellos aprendí a jugar futbol y beisbol. Era alta y fuerte, y muy dotada para los juegos de balón; y, al igual que ellos, sentía un profundo desprecio por los juegos de niñas.

Detestaba las muñecas y me rehusaba absolutamente a usar vestido, moños o joyitas de niña. Para mi quinto cumpleaños mi mamá me regaló una muñeca casi tan grande como yo con ojos que se abrían y cerraban, y una cabellera espléndida que le llegaba hasta la cintura. Lo primero que hice con ella fue tomar unas tijeras y darle un corte de pelo de niño. Todavía recuerdo la mirada horrorizada de mi mamá cuando la vio, y su tristeza cuando procedí a relegarla al fondo de un armario. Mis juguetes preferidos eran los de mi hermano Jorge, y mis juegos predilectos los que podía jugar con él y sus amigos.

Durante buena parte de mi infancia fueron, además, mis únicos compañeros de juego. En efecto, hasta la adolescencia tuve muy pocos amigos propios. Entre mis seis y nueve años vivimos en El Cairo, donde mi padre era embajador de México, y donde mi hermano y yo fuimos inscritos al Colegio Americano. Entré al segundo año de primaria; las clases me aburrían profundamente, pues ya sabía leer y escribir. Muy pronto fui rechazada por los demás alumnos porque un día, durante una clase de lectura especialmente tediosa, me puse de pie y anuncié en voz alta: "God stinks!" (¡Dios apesta!). Nunca sabré por qué lo hice pero el resultado, en un medio devoto y conservador, fue catastrófico. Mis padres lograron que no me expulsaran, pero a partir de ese día fui *persona non grata* para todos mis compañeros, salvo una niña judeopalestina y un niño egipcio, quienes también eran rechazados por no ser norteamericanos ni protestantes.

Como lo muestra este par de ejemplos, desde muy temprana edad me sentí diferente: cosa que, dicho sea de paso, he observado en muchas personas homosexuales. En mi caso, ciertamente se debió en gran parte a las circunstancias de mi vida. Siempre fui la más joven de mi salón, lo cual me diferenciaba de mis compañeros de clase. Además, los constantes viajes y cambios de país debidos a la profesión de mi padre diplomático hicieron de mí una extranjera en todas partes, y alumna "nueva" en cada escuela. Finalmente, el hecho de ser hija de una madre rusa y padre mexicano también me hacía distinta de mis coetáneos. Por todo ello no "encajaba" en ningún lugar, ni tenía una sensación de pertenencia. En consecuencia, siempre me sentía sola. Hasta la fecha me es difícil distinguir en qué medida ese aislamiento y cierto carácter rebelde tienen que ver con mi orientación sexual, y en qué medida se deben sencillamente a las circunstancias muy particulares de mi vida. Lo cierto es que he escuchado algo similar de muchas personas homosexuales: esa sensación de ser diferente, de no pertenecer del todo desde muy temprana edad, es algo que comparte mucha gente gay.

Mi cuerpo empezó a cambiar a los 11 años. Después de El Cairo, a mis nueve años nos habíamos instalado en la Ciudad de México, tras varios años en el extranjero. Vivíamos en el barrio de Actipan, en la colonia Del Valle, en una calle poco transitada que nos servía de terreno de futbol. Era un barrio de clase media baja y los niños andábamos en la calle casi todo el tiempo, o bien en el pequeño jardín de la casa. Un día, mientras mi mamá me observaba jugando beisbol con Jorge y sus amigos, vio cómo yo recibía la pelota con el pecho y les pidió que tuvieran cuidado conmigo, porque ya era una señorita. Me sentí humillada e indignada, sin entender por qué lo decía. Pero al poco tiempo sucedió algo mucho más grave. Mi hermano había cumplido 14 años y sus amigos eran aún mayores, y de pronto dejaron de incluirme en sus juegos y actividades. Comenzaron a salir de noche y cambió radicalmente su forma de hablar: empezaron a usar groserías, insinuaciones y palabras con doble sentido sexual que yo más o menos entendía, dado que mi mamá ya me había explicado los mecanismos de la reproducción, y que me hacían sentir muy incómoda. Ya no era parte del equipo, ya ni siquiera era la mascotita a la que llevaban a todas partes. Me quedé sola.

Antes de mi desafortunado amor por Juliana había tenido una adolescencia de lo más convencional. A mis 12 años, en 1968, nos mudamos a una casa grande con un jardín inmenso en Jardines del Pedregal, una zona de clase alta de la Ciudad de México. Nuestros vecinos tenían tres hijas adolescentes; con ellas aprendí a actuar y a vestirme según los parámetros de ese entorno. Cada noche veíamos con devoción el programa *Los Monkees* en la televisión, y discutíamos los méritos de cada uno de sus integrantes. Como ellas y muchas niñas y adolescentes de la época, era fanática del grupo y estaba enamorada de Davy Jones. Con mis compañeras del liceo, también mayores que yo, iba a fiestas en las cuales había luces estroboscópicas y música de los Doors a todo volumen, vestida con medias de red color naranja y minifalda de plástico con flores psicodélicas. Bailaba y me besaba con los chicos, igual que mis amigas.

En el liceo era la más joven de mi salón, pero era alta para mi edad y convivía con compañeras que me llevaban un par de años. Usaban toda clase de artimañas para eludir las limitaciones, muy estrictas, del uniforme escolar: se enrollaban la falda en la cintura para hacerla más corta, se maquillaban ya dentro de la escuela y usaban accesorios como cinturones anchos de cuero y colgajos que ocultaban bajo el suéter. Intercambiábamos chismes acerca de los chicos más guapos, de quién salía con quién, y urdíamos estrategias para llamar la atención de los alumnos de las clases mayores que nos gustaban.

A los 11 años me había enamorado de un chico de rizos dorados y ojos azules de mi salón, a quien miraba con adoración desde mi pupitre, sin jamás atreverme a declararle mi amor. A los 12 había tenido un novio de 17 años que me regalaba colgajos psicodélicos, hechos por él mismo, cada vez que salíamos. Me visitaba en la casa, íbamos a fiestas o al cine; a veces lo dejaba besarme para darle gusto, sin sentir atracción alguna ni tampoco disgusto. En toda esa etapa jamás tuve la sensación de fingir, ni me sentía diferente de mis amigas con relación a los chicos. Las cosas siguieron así hasta que me enamoré perdidamente de Juliana. A partir de ahí todo cambió.

Para empezar, tras mi mal logrado y teatral intento de suicidio, que no resultó ser más que una medida estratégica fallida, mis padres me llevaron a terapia. No sabían qué hacer conmigo, no entendían qué hubiera podido llevar a su hija tan brillante a intentar suicidarse. Mi mamá se había enterado de mi amor por Juliana a través de la maestra que compartíamos y alguna vez me preguntó qué había pasado con ella, pero no quise responderle y evadí el tema.

El psiquiatra con el que me llevaron era un hombre relajado y liberal, con gran sentido del humor, quien para empezar me sometió a un tratamiento con óxido nitroso, también conocido como gas hilarante, para sacarme de la depresión. Dos veces por semana me escuchaba pacientemente mientras yo le contaba mi vida diaria en la escuela y en la casa. Nunca hablamos de la homosexualidad. Yo ni siquiera conocía la palabra. Eso no vendría hasta un par de años después, cuando yo misma quise entender qué me sucedía y me puse a investigar.

Ahora que rememoro esa época de mi vida no puedo dejar de hacerme algunas preguntas. Entiendo que mis padres, por cultos y cosmopolitas que fueran, en 1970 no tuvieran idea de cómo manejar a una hija posiblemente lesbiana. Pero ¿cómo es posible que un psiquiatra de formación psicoanalítica y frommiana, hombre sensible y liberal que había estudiado en Francia, nunca mencionara la palabra *homosexualidad*, ni me hablara jamás del tema? Y por supuesto entiendo que yo misma, a mis 14 años, ni siquiera tuviera idea de que eso existía. No empecé a comprenderme hasta un par de años después, por mis propias experiencias e investigaciones. En la identidad homosexual, puedo decir que me hice sola: con mucha confusión y errores de todo tipo.

En 1970 la homosexualidad seguía penada y mal comprendida en casi todo el mundo. Apenas en 1967 había sido derogada la ley contra la homosexualidad masculina en Reino Unido —la misma que había condenado a Oscar Wilde a trabajos forzados y lo había llevado a su muerte—. Sólo en 1973 sería eliminada de la lista de psicopatologías de la Asociación Psiquiátrica Americana.

En algunos países, sobre todo en Europa y Estados Unidos, existían asociaciones, lugares y publicaciones secretas para gente homosexual: muchas más para hombres que para mujeres. El lesbianismo era más tolerado, porque se pensaba que las mujeres de todos modos no tenían sexualidad propia, por una parte; por la otra, se entendía que buscaran consolarse entre ellas si no les tocaba la suerte de emparejarse con algún hombre. Era común la idea, que persiste aun en muchos lugares, de que las lesbianas no conocen el "verdadero sexo" o el "verdadero amor" —o sea, con hombres— y que, por ende, son homosexuales por no tener alternativa.

Por cierto, durante mucho tiempo se pensó lo mismo de los hombres que tenían sexo con otros hombres: que adoptaban conductas homosexuales por no tener acceso a mujeres en el internado, la cárcel, el ejército o la marina. Fuera de estos contextos especiales, lo natural era la heterosexualidad. Había cierta confusión al respecto: se hacía la distinción entre una homosexualidad "oportunista" o "forzada", por falta de otra cosa o bien por necesidad económica, y otra homosexualidad "perversa", que era por gusto, por elección y por ende patológica.

En mi experiencia personal, y seguramente en la de muchas lesbianas, estas ideas siguen vigentes hasta el día de hoy. Por lo menos una docena de hombres, incluso amigos, me han propuesto acostarse conmigo para que pueda yo conocer "el verdadero sexo", pensando que tener relaciones con ellos me haría cambiar de forma de ser y volcarme hacia la heterosexualidad. Otros, como el marido de una amiga mía, han buscado tener un *ménage à trois* conmigo y mi pareja para poder realizar la añeja fantasía masculina de observar a dos mujeres haciendo el amor para luego tener sexo con ambas y retomar así el papel central en la película pornográfica de sus sueños. Nunca les he aclarado que en mi vida me he acostado con muchos hombres, algunas veces con placer, sin que eso afectara en nada mi orientación sexual.

Muchas de estas ideas derivan de un malentendido profundo acerca de la homosexualidad, que tiene que ver con la palabra misma. En efecto, el término *homosexualidad* pone el énfasis sobre el aspecto puramente sexual de todo lo que puede ser una relación entre dos personas: amorosa, intelectual, de gustos e intereses compartidos, comprensión y empatía mutuas. Sin querer disminuir la importancia de lo sexual, primera base de la atracción y del enamoramiento, me parece que el sexo es lo más fácil: a final de cuentas, una persona libre de prejuicios puede conseguir el placer sexual sola, con un hombre o con una mujer. Los bisexuales lo saben muy bien: pueden disfrutar el sexo con hombres o mujeres, pero por lo general sólo se enamoran de un lado o del otro. La cama es lo fácil; lo difícil es el corazón. Entonces, reducir la orientación de una persona meramente a sus conductas sexuales constituye una enorme simplificación. La homosexualidad, exactamente como la heterosexualidad, está hecha de un vasto y complejo conjunto de deseos, fantasías, sentimientos y experiencias que se va estructurando según la historia personal, familiar y social de cada quien. De ninguna manera se puede reducir a la sola práctica sexual.

Con todo y sus falacias, simplificaciones y prejuicios, este conjunto de ideas constituían lo (poco) que se "sabía" acerca de la homosexualidad en 1970. La gente más liberal y preparada, como mis padres o el psiquiatra que me trató, complementaban sus magros conocimientos con las teorías de Freud. Este último, lejos de patologizar la homosexualidad, había escrito que se trataba de una peculiaridad derivada de un complejo de Edipo truncado o mal resuelto, que se podía observar entre algunos de los más grandes genios de la humanidad.

Por avanzadas que fueran en su época y durante decenios después de su muerte, las teorías de Freud constituyeron a la vez un enorme obstáculo a la comprensión de la homosexualidad durante la mayor parte del siglo XX. En primer lugar se basaron en la más pura especulación. Ahora se sabe que Freud prácticamente no tuvo en su consulta a individuos homosexuales reales: sólo tuvo casos de lo que consideró como una homosexualidad latente o reprimida. No es coincidencia que sus pocos textos sobre el tema traten de personas a las cuales nunca conoció. Escribió ensayos sobre Miguel Ángel, Leonardo da Vinci y el juez Daniel Paul Schreber, y cartas dirigidas a algunas madres de jóvenes que le habían escrito para pedirle consejo a distancia, sin que él mismo hubiera conocido a los jóvenes en cuestión.

En segundo lugar, sus teorías —acerca de los hombres homosexuales, sobre todo— postularon cierta configuración o dinámica familiar que no ha resultado ser universal, ni mucho menos: padre distante o ausente, madre sobreprotectora… Esta idea, que sigue dominando la visión de la homosexualidad masculina en el imaginario colectivo a pesar de haber sido totalmente desacreditada, es responsable de la culpa que sienten muchas madres de jóvenes varones homosexuales, y que he observado en docenas de casos en México. La primera pregunta que siempre hacen es: "¿En qué me equivoqué? ¿Qué hice mal?"

La investigación actual muestra que la gente no se vuelve homosexual por sus padres ni por su historia familiar. Si todos los hijos de padres distantes o ausentes y madres sobreprotectoras se volvieran homosexuales, una gran proporción de los hombres en México sería homosexual. De la misma manera, si todos los niños y niñas víctimas de abuso sexual se volvieran homosexuales, un alto porcentaje de la población en México sería homosexual. Todos estos mitos, desafortunadamente perpetuados durante casi un siglo por los

profesionales de la salud (médicos, psicólogos, psicoanalistas), han obstaculizado la cabal comprensión de
la homosexualidad.

Finalmente, las teorías de Freud sobre la homosexualidad, basadas en la especulación sobre un complejo
de Edipo truncado o mal resuelto, han derivado en una
idea todavía prevalente: que los homosexuales son bási-
ca y permanentemente inmaduros. Que no alcanzaron
la madurez psicosexual, que nunca lograron sobrepasar
los problemas de la infancia —o sea, los que causaron
su orientación sexual—. Que son, de alguna manera,
menores de edad a perpetuidad. Gracias en gran parte a todas estas ideas de Freud, en 1970, y todavía hoy
en muchos lugares incluyendo México, los supuestos
"expertos" sobre la homosexualidad son los profesionales de la salud, los médicos y psiquiatras. ¿Por qué?
¿Por qué no son los sociólogos, los antropólogos o
—ante todo— los mismos homosexuales?

Por una sencilla razón: en 1970 la homosexualidad todavía se percibía como una enfermedad. Aquí
no entraré en todas las razones por las cuales no es así,
habiéndolas expuesto largamente en publicaciones
anteriores. Sólo anotaré que es por ello que mis padres,
cuando tengo 14 años, me ponen en manos de un psiquiatra. Mi mamá tiene conocimiento de mi amor infeliz en la escuela, y un día me dice que no lo tome tan a

pecho, que algún día tendré otra amiga del alma. Pero nadie, nunca, pronuncia la palabra *homosexualidad*. Mi soledad es total. Lectora voraz, nunca he visto un libro que trate el tema. Tampoco conozco a nadie que se haya enamorado de una persona del mismo sexo. Todas mis compañeras del liceo francés en la Ciudad de México, un par de años mayores que yo, ya tienen novio o aspiran a tenerlo. Yo las imito y me adapto, besándome con muchachos en las fiestas, en mis medias de malla color naranja y mis minifaldas psicodélicas.

En 1970 tampoco existen aún películas y series televisivas con personajes homosexuales que lleven vidas "normales", que experimenten las mismas vicisitudes que cualquier gente en su vida amorosa, familiar y profesional. Faltan décadas para que aparezcan series como *Queer as Folk* o *The L Word*. Además, las muy pocas novelas o películas con temática homosexual siempre acaban mal: los personajes homosexuales se suicidan o mueren solos, tras una miserable existencia hecha de culpa, vergüenza y temor al chantaje. Es lo que descubriré un poco más tarde al leer, por ejemplo, *El pozo de la soledad*, clásica novela de la escritora británica Radclyffe Hall, que fue prohibida en varios países tras su publicación en 1928. En ella, tras varios intentos fallidos la heroína (una mujer "masculina") encuentra al fin el amor (con una mujer "femenina"), pero debe renunciar a su pareja cuando esta última se enamora de un hombre, y se queda sola. También recuerdo la impresión que me causó la película *The Children's Hour* (1961), con Audrey Hepburn y Shirley Maclaine, dos maestras de escuela cuyas vidas son destrozadas primero por la acusación (falsa) de una alumna, y luego por la revelación (verdadera) de que una de ellas está enamorada de la otra. La historia acaba en el suicidio de la que no puede aceptar sus sentimientos lésbicos.

Esta visión de la homosexualidad como una enfermedad mental, si no es que una perversión, es la que predomina todavía en 1970. No existen otros recursos: no hay ejemplos de homosexuales, ni actuales ni históricos, que hayan tenido éxito en el amor o en la vida, o que no hayan acabado en la cárcel o el suicidio. Lo que hoy se sabe —que una gran cantidad de artistas, escritores, músicos y cineastas geniales fueron o son homosexuales— en 1970 permanece oculto tras un velo de prejuicio e ignorancia. Ni siquiera se rumora, como sucedería más tarde, que sean homosexuales estrellas tan admiradas como Elton John, Barry Manilow, Rock Hudson, Montgomery Clift, Anthony Perkins, Laurence Olivier o John Gielgud.

Capítulo dos

Primeros experimentos.
Reacciones de mi familia

Poco a poco me recupero de mi enamoramiento infeliz por Juliana y, afortunadamente, cuando tengo 15 años, mis padres y yo nos mudamos a Ginebra, donde mi padre ha sido nombrado embajador de México ante las Naciones Unidas. Ahí empieza la segunda etapa de mi vida homosexual.

De 1971 a 1974 estoy inscrita en un liceo público justo del otro lado de la frontera entre Suiza y Francia. Es muy diferente del liceo francés privado y elitista al que asistí en México. Para empezar, chicos y chicas no están separados en el recreo ni en las clases de educación física, que consisten en irnos a trotar un rato en las calles aledañas. Cada día a las 11:30 salimos todos juntos al inmenso patio de recreo durante media hora y platicamos animados mientras fumamos abiertamente, lo cual estaba prohibido en la escuela en México. Casi todos fumamos Gauloises sin filtro, por ser los más económicos. Al salir del colegio a las cinco nos reunimos en el café de enfrente, que está lleno de estudiantes. La conversación no se centra en quién está saliendo con quién, ni en chismes, ni en quién tiene qué auto, sino que hablamos durante horas de los autores que estamos leyendo para la clase de literatura o, en el último año de preparatoria, de filosofía.

Los fines de semana solemos encontrarnos en los cafés de Ginebra, en alguna de las callecitas que bajan al lago. Los meseros nos desprecian como a todos los estudiantes, porque pasamos horas consumiendo sólo cerveza; las raras veces que queremos comer algo, pedimos una pizza o un espagueti entre cuatro. Nadie fuma marihuana ni se emborracha, como ocurrría comúnmente en las fiestas en México. A veces nos reunimos en casa de uno u otro para estudiar y discutir los ensayos que tenemos que escribir cada semana.

Quizá lo más sorprendente para mí es que impera una franca y espontánea amistad entre chicos y chicas, sin complicaciones, intentos de seducción ni celos. Se forman algunas parejas, pero siguen participando en las reuniones como amigos, sin demostraciones inoportunas de afecto ni escenas. Puesto que se trata de una escuela pública con alumnos de todas las clases sociales, nos vestimos todos más o menos igual, en el perenne atuendo del estudiante francés tras la eliminación del uniforme escolar obligatorio después de 1968: pantalón, suéter y chamarra de cuero, o bien abrigo y bufanda de lana en invierno. Ninguna de las chicas usa falda ni tacones. Todos andamos en autobús y tranvía o en nuestras motonetas, medio de transporte generalizado para los jóvenes en la región ginebrina. Nadie llega al colegio en coche, ni vienen a buscarnos padres ni choferes como al liceo en México. Ciertamente hay alumnos ricos y pobres, franceses y extranjeros, pero todos nos vestimos igual, fumamos los mismos cigarros y bebemos la misma cerveza de barril en los cafés.

La única competencia es la académica, lo cual me sienta perfectamente porque estoy a la cabeza de mi clase, junto con una joven española que al final me ganará con una nota perfecta de 20 sobre 20 en su ensayo de filosofía en el examen de bachillerato. Tengo buenos amigos de los dos sexos, estoy plenamente integrada a mi salón, me muevo de manera autónoma por toda la ciudad y sus alrededores, y mis padres me dejan ir y venir en completa libertad. Un par de veces por semana, después de las clases, voy al Conservatorio de Ginebra para seguir estudiando música. Me siento bien en mi piel. Sobre todo, aprendo una nueva manera de ser y de socializar: sin distinción de clases, sin ser marginada por mis orígenes, sin verme presionada a tener novio, sin tener que vestirme de forma "femenina" como mis compañeras en México.

Al final de mi segundo año en ese liceo, a los 16 años, me obsesiono con una chica un año mayor que yo, pero esta vez de mi salón. Me parece bellísima, con sus grandes ojos cafés y los rasgos finos de una madonna de Botticelli. No es buena alumna, por problemas familiares ha reprobado un año; no es lectora ni culta, ni forma parte de nuestro grupo de estudio. Pero me atrae su aire frágil, melancólico y ausente: quiero saber qué hay detrás de esa mirada soñadora. Intento seducirla. La persigo con cartas y poemas. La llevo a casa y, una vez encerradas en mi cuarto decorado con pósters de catedrales góticas, enciendo velas y pongo discos de música medieval, de la cual me he vuelto fanática. Le leo poemas de Apollinaire. Elisabeth tiene una fuerte propensión al misticismo, sueña con escaparse de la realidad, y rápidamente cae en las redes de seducción que le estoy tejiendo mientras escuchamos música tendidas en la alfombra o sobre mi cama. Aprovecho esos ratos mágicos para besarla y acariciarle los senos. Acaba por enamorarse de mí. Pero nunca quiere ir más allá de los besos y caricias, a pesar de mi insistencia; trato de convencerla, y ella siempre se niega a una relación sexual. Por mi parte, no sé realmente qué estoy buscando, no tengo la menor idea de lo que sería una relación sexual con una mujer, más allá de lo poco que he aprendido con mis novios en México. Quiero ir más lejos, pero no sé cómo. Una tarde, entre lágrimas, me dice que al escuchar conmigo la misa en si menor de Bach ha recibido la gracia, que ha decidido dedicarse a la vida contemplativa y religiosa, y que por tanto no puede haber entre nosotras una relación amorosa… Me enojo, argumento, suplico, sin poder convencerla de hacer el amor conmigo; ella contesta que no es por falta de amor, porque sí me ama, sino de alejarse de las pasiones terrenales. Es el final… Pero no para siempre.

Seis años después me la encontraré por casualidad en el Barrio Latino de París, y me contará que a los pocos meses de nuestra ruptura se relacionó con un joven, se embarazó y se casó con él sin amarlo, a los 18 años. Y casi 40 años después, me buscará a través de las redes sociales y entablaremos una intensa correspondencia amorosa y poética, como si todavía fuéramos adolescentes y pudiéramos reparar el pasado. Viajaré a Francia, pasaré con ella varios días, y se repetirán los besos y caricias de nuestra juventud, sin tampoco esta vez llegar a una relación sexual. Me dirá que nunca dejó de amarme, que fui el amor de su vida pero que —casada dos veces y teniendo ya dos hijos— nunca fue, ni hubiera sido posible una relación de pareja entre nosotras.

Ésa fue la segunda y última vez que viví un amor imposible. En las dos ocasiones sufrí mucho. Pero todavía no pensaba que se debiera a la homosexualidad. Sencillamente lloraba la pérdida. Sin embargo, a los 16 años, tras ese nuevo intento fallido de relación, comencé a sospechar que era lesbiana. No sabía muy bien qué significaba eso y, en secreto, empecé a investigar el tema. Me puse a buscar en diccionarios y enciclopedias de la biblioteca pública de Ginebra. Aprendí poco: que la palabra lesbiana venía de la poeta Safo de Lesbos; que los homosexuales eran los que tenían relaciones sexuales con personas de su mismo sexo, sin que pudiera yo descubrir exactamente qué significaba eso. Estaba de nuevo en terapia en Ginebra, tras una nueva depresión y el desconcierto de mis padres. Ni la psicoterapeuta ni yo mencionamos jamás la palabra homosexualidad: no aprendí nada, pero fue un apoyo y pronto me recuperé de mi desilusión con Elisabeth.

Era hora de pasar a la acción: tenía que lograr alguna experiencia sexual con una mujer. Averigüé que existía un bar gay en Ginebra, en una calle oscura y sola, y ahí me instalé varias noches, sentada en la barra y bebiendo cerveza, convencida de que algo tendría que suceder sin saber exactamente qué. Tenía 16 años. Me imaginaba que alguna mujer mayor y experimentada se me acercaría, sería seducida por mi juventud e inocencia, y me llevaría a la cama, en alguna villa preciosa al borde del lago. Por supuesto, nunca sucedió nada parecido y el gerente del bar acabó por echarme cuando descubrió que era menor de edad.

También supe, a través de una amiga, de una chica lesbiana que, como yo, buscaba conocer a alguien. Hablamos por teléfono y acordamos vernos en la parada de autobús más cercana a mi casa. Cuando llegué a la cita se me hundió el corazón: se trataba de una joven sumamente masculina, que no correspondía para nada al ideal femenino que yo tenía en mente. Tampoco yo, en mi atuendo de estudiante, sin maquillaje ni falda, correspondía a lo que ella deseaba. Platicamos unos minutos, ambas descubrimos que buscábamos otra cosa, y nos despedimos sin pena ni gloria.

Siguiendo con mis investigaciones científicas, decidí que también era necesario acostarme con un hombre para ver cómo eran las cosas de ese lado. En una fiesta busqué la ayuda de un amigo de mi hermano para probar una primera experiencia heterosexual. Cuando ese intento fracasó (en un colchón en el piso de su cuarto de estudiante, y con bastante alcohol de por medio), fui a un bar ginebrino y me levanté a un joven italiano guapo y simpático que se volvió mi amante durante varias semanas. Perdí mi virginidad sin mayor reflexión ni arrepentimiento alguno. Después de la primera vez, me gustaron las sensaciones físicas del sexo aunque Giovanni y yo no tuviéramos nada que compartir ni de qué conversar. Mis padres estaban de viaje; Giovanni iba diariamente a visitarme y a hacer el amor conmigo en mi cuarto, todavía decorado con pósteres de catedrales góticas. No hubo enamoramiento de ninguno de los dos lados, pero me gustó la experiencia y me entristeció brevemente el que se esfumara justo antes del regreso de mis padres. Siendo yo menor de edad, él inmigrado y mi padre embajador, Giovanni hubiera podido tener problemas muy serios si mis padres se hubieran enterado de nuestra relación. Me gustó acostarme con él, pero no me afectó mayormente su repentina desaparición.

Cuando mis padres regresaron de viaje, mi hermano Jorge le contó a mi mamá que yo había llevado a casa a un joven y que me había acostado con él. Lejos de enojarse, a mi mamá le encantó la idea porque pensó que por fin había dejado atrás mi fase homosexual. Me interrogó al respecto, y le aseguré que sí me había gustado. Sin más, me llevó con un ginecólogo para conseguirme un diafragma, me prometió no decirle nada a mi papá, y sólo me pidió que me cuidara.

Durante una época seguí explorando el sexo con hombres, algunos de ellos amigos y otros desconocidos. Una vez, de vacaciones en México, accedí a las instancias de un viejo compañero del Conservatorio y me acosté con él un par de veces. Pero esta vez mi papá se

enteró y hubo una escena terrible en casa de mi abuelita, donde nos estábamos hospedando por unas semanas.
Mi madre no dijo nada ni intentó intervenir, mientras mi
papá gritaba que iba a encarcelar a mi amigo por violación, se quitó el cinturón y me pegó con él varias veces.
Nunca lo había visto, ni lo volvería a ver jamás, tan enfu-
recido como ese día. Me sentí humillada e indignada, y
me molestó tanto su reacción que dejé de hablarle
durante un año.

Lo curioso del caso, viéndolo con la distancia de los
años, es que mi papá se haya enojado tanto, puesto que
en cambio no le molestó en lo más mínimo que poco
después me relacionara con una mujer, lo cual por fin
sucedió a la misma edad de 16 años. Puedo pensar, sin
haber nunca hablado con él de ese penoso episodio,
que el que su hija tuviera sexo con un hombre le resultaba más amenazante que los inofensivos juegos eróticos de dos chicas adolescentes. Paradójicamente, y
hasta su muerte en 1997, siempre aprobó y apoyó mis
relaciones lésbicas y quiso a mis parejas mujeres, mientras que la única relación heterosexual de la cual llegó a
enterarse le causó reprobación y enojo. Aun dentro de
su gran tolerancia y liberalismo, el que su hija menor
de edad tuviera relaciones sexuales con un hombre le
resultaba intolerable.

Poco después, de regreso a Ginebra tras un par de meses en México, una chica del liceo que no era de mi salón se me acercó en el recreo y me dijo que quería entregarme una carta de una compañera de ella. Yo sólo conocía de vista a Anastasia, dos años mayor que yo, pero me intrigó su mensaje, manuscrito en un papel fino cuidadosamente doblado. Decía, escuetamente: "Estoy enamorada de ti y quiero estar contigo. Si estás de acuerdo, encuéntrame en el café tal en el borde del lago a las 18 horas".

Fui. Más que nada por curiosidad. Y también por vanidad: ninguna mujer, jamás, había expresado atracción alguna hacia mi persona. Accedí al encuentro para ir más lejos en mis experimentos; para descubrir, por fin, de qué se trataba.

Días después tuve mi primera experiencia sexual con una mujer. Anastasia tenía 18 años y yo 16. De padres rusos, era alta y delgada, de piel muy blanca y pelo rubio y largo. Ostentaba la elegancia un tanto arcaica de un noble ruso de antaño: usaba portacigarros, cigarrera y encendedor de oro, reloj y pluma fuente de marca, y una mochila de cuero fino. Era la única alumna en todo el liceo que usaba paraguas. Tenía una gran precisión al hablar, así como una total indiferencia hacia el mundo contemporáneo. Su aire aristocrático me impactó; su forma lacónica de proponerme ser amantes me cautivó.

Acostarme con Anastasia, días después, no fue la gran revelación que yo esperaba. En realidad, durante los meses que duró nuestra relación, el aspecto sexual nunca fue muy satisfactorio, probablemente porque no había gran amor ni deseo de mi parte. Además, ninguna de las dos tenía experiencia en la materia. Jugué al juego de la pasión, con todo y cartas diarias y juramentos de amor eterno. Ahora, con la distancia de los años, sé que en realidad nunca estuve realmente enamorada de Anastasia. Tampoco he vuelto a saber nada de ella: la amiga que nos presentó me dijo hace algunos años que había tenido una enfermedad autoinmune, y que ya no tenía información alguna sobre ella; ni sabía si seguía con vida. No: la relación fue importante por otras razones.

En primer lugar, fue mi primera relación real con una mujer: ya no fantaseada, sino plenamente realizada. Tampoco se trató de un amor imposible inventado por mí, sino de una relación mutua, además buscada e iniciada por ella. Por lo mismo me sacó de mi papel de género anterior, que siempre había sido un tanto "masculino": por primera vez yo era la seducida y no la seductora, lo cual, de paso, hizo maravillas para mi autoestima.

En segundo lugar, mi relación con Anastasia me sacó de dudas: finalmente llegué a la conclusión de que era lesbiana. Lejos de asustarme o avergonzarme de lo que ya era para mí una evidencia, me sentí orgullosa. Me gustó la idea de ser especial, de poder llevar una vida misteriosa, poética y posiblemente trágica, como la que se vislumbraba en las fotos de David Hamilton, la novela *Thérèse et Isabelle* (1966) y su versión cinematográfica (1968), y el filme *Le rempart des béguines* (1972). Además, los aires vagamente artísticos de Anastasia (aunque no practicara arte alguno) y su rebuscado esteticismo *à la russe* le imprimían a nuestra pareja un refinamiento un tanto exótico y una elegancia sumamente atractiva a mis ojos, y probablemente un tanto ridícula para los demás.

En tercer lugar, la relación curó para siempre la profunda soledad en la que había vivido, hasta entonces, mi homosexualidad. Me demostró que había otros jóvenes como yo; a través de Anastasia, un par de años mayor que yo, por fin conocí a otros homosexuales. En el liceo había un chico gay muy *drag queen*, con quien íbamos a bares gay; usaba maquillaje, pantalón de cuero apretado y chamarras con sequines, todo realzado con boas y sombreros extravagantes. Asimismo, una amiga de Anastasia era lo que después, en los años noventa, se llamaría *lipstick lesbian*, muy femenina: siempre andaba maquillada, de falda y tacón. Empecé a vislumbrar la enorme diversidad dentro del mundo gay. Yo misma, al igual que Anastasia, no usaba maquillaje ni falda, y mucho menos tacones: nos vestíamos más bien en el naciente estilo unisex de los tempranos años setenta.

Al asumir mi identidad homosexual también experimenté por primera vez lo que significaba salir del clóset. Nunca lo anuncié, no hubo en mi persona ni en mi conducta pública cambio alguno. Tampoco lo escondí. No sé cómo, pero en el liceo todo el mundo, tanto maestros como alumnos, estaba al tanto de mi relación con Anastasia. Creo que éramos la única pareja gay de la escuela. Nadie se alteró, nunca nadie nos dijo nada al respecto. Creo que fue así por dos razones. Uno, nunca dimos en público muestras de la relación íntima entre nosotras, no por temor, sino porque nos parecía de mal gusto. Tampoco las parejas heterosexuales de nuestra edad exhibían su intimidad en público, contrariamente a lo que había observado y vivido en México, donde las parejas siempre andaban de la mano y se besaban delante de todos. Dos, tanto ella como yo vivimos nuestra identidad con gran naturalidad, yéndonos juntas del liceo al final del día escolar, sin intentar escondernos… hasta que los padres de Anastasia se enteraron y todo cambió.

No recuerdo cómo se dieron cuenta, creo que le encontraron un diario íntimo o una carta mía. El caso es que le prohibieron volver a juntarse conmigo. Cabe mencionar que, según la ley suiza, tanto Anastasia a los 18 años como yo a los 16 éramos menores de edad en lo referente a actos homosexuales, que habían sido despenalizados desde 1942 entre personas mayores de 21 años. En todo caso, por primera vez tuvimos que escondernos, inventar códigos, darnos citas secretas; ella sólo me hablaba desde teléfonos públicos, e inventábamos reuniones de estudio con nuestros respectivos compañeros de clase. Incluso su mamá le habló a la mía para decirle lo que había descubierto y acusarme de haber corrompido a su hija, exigiéndole que me prohibiera volver a juntarme con Anastasia. Afortunadamente mi mamá ya lo sabía todo y le respondió, indignada, que no me iba a prohibir absolutamente nada.

Mi mamá se enteró casi desde el principio de nuestra relación, de una manera muy contundente. Mi habitación en nuestro departamento, donde hacíamos el amor en mi estrecha cama de adolescente, era adyacente a la de mis padres, y tenía además un balcón común al exterior. Una tarde, cuando Anastasia y yo estábamos abrazadas en mi cuarto, escuché que se abría la puerta del balcón del lado de mis padres y entreví, a través de la cortina translúcida, la silueta de mi hermano Andrés que nos observaba desde fuera. Un rato después, cuando Anastasia se había ido, mi mamá me llamó a su recámara y me dijo, muy lógica y tranquila, como un hecho irrefutable: "Así que crees que eres homosexual. Pero eso no es posible, tú eres demasiado joven y no tienes idea de lo que eso significa". La miré a los ojos y le contesté con ironía: "¿Quieres que te haga un dibujo?" Mi mamá, atónita por una vez, sólo me miró con tristeza mientras yo salía indignada de su cuarto, pero tuvo la sensatez y la inteligencia de entender que era mejor para mí tener relaciones reales que seguir viviendo amores imposibles que me sumían en la depresión.

Científica tanto por su temperamento como por su formación, se puso a estudiar: un día encontré en la casa un libro académico llamado *Intersexualidades*, que hojeé sin comprender una sola palabra. También aparecieron en casa libros de psicoanálisis, que tampoco me dijeron nada. Muchas veces, en los años siguientes, mi mamá intentó convencerme de que la homosexualidad no era el buen camino. Doctorada en bioquímica, argumentaba que tal orientación era contraria a la naturaleza, lo cual me parecía un sinsentido dado que yo la vivía como algo intrínseco y profundamente natural. Otras veces me pedía no tomar ninguna determinación de manera precipitada porque seguramente se trataba de una fase temporal, común en los adolescentes, lo cual, dada mi experiencia que me parecía vastísima, sólo me causaba risa. También me advertía que, al no tener una pareja masculina, me iban a faltar la estabilidad, la seguridad y la protección que podría darme un hombre. No me di cuenta de lo absurdo de este último argumento hasta que, muchos años después, el hombre que supuestamente debía brindarle apoyo, seguridad y protección —mi padre— se separó de ella y la dejó sola.

A pesar de su liberalismo, su feminismo y su inmensa cultura tanto científica como humanista, mi madre había nacido en 1914 y sus argumentos eran los propios de una mujer de su generación. Sin embargo, tuvo el enorme mérito de nunca intentar limitarme. Razonó conmigo, me pidió no definirme hasta tener más edad y experiencia, pero nunca me criticó, me castigó ni me prohibió vivir libremente. Siempre quiso conocer y recibió amable y generosamente a mis tres parejas que alcanzó a conocer antes de su muerte en 1984, cuando yo tenía 28 años. Sólo me entristece que no haya conocido dos años después a la mujer que resultó ser mi compañera de vida.

Mi mamá nunca pudo entender ni aceptar plenamente mi homosexualidad por las limitaciones de su generación, pero también porque todavía no había los conocimientos científicos sobre el tema que hoy existen, ni los ejemplos públicos de gente gay exitosa que hoy se han vuelto casi anodinos. Incluso creo que nunca conoció a gente abiertamente homosexual aparte de mí y mis amistades. Era lógico que temiera para mí un futuro solitario, desdichado, inestable e inseguro.

Otro factor importante, y que persiste todavía en un amplio sector de la sociedad, en muchas partes:

cometió el error de pensar que la homosexualidad en hombres y mujeres es la misma. Es decir, que las lesbianas tienen las mismas conductas, los mismos hábitos y enfrentan los mismos riesgos que muchos hombres gay: que son promiscuas y que están por tanto expuestas a las mismas enfermedades de transmisión sexual; que, como ellos, tienen altos índices de abuso de sustancias; que son frecuentemente víctimas de bullying durante su infancia y adolescencia y de violencia en la edad adulta, y que sufren la misma discriminación. Esta perspectiva, ciertamente estereotipada pero aún vigente en el caso de muchos hombres gay, sencillamente no es aplicable a la gran mayoría de las lesbianas.

Mi experiencia me ha llevado a concluir que la homosexualidad femenina es muy diferente de la masculina, tanto en lo individual como en las relaciones de pareja. Y esto desde la infancia, pero sobre todo desde la adolescencia. Para empezar, las niñas "marimachas" no suelen ser víctimas de bullying ni son tan estigmatizadas como lo son los niños "afeminados" en sociedades machistas como la nuestra. Creo asimismo que en la edad adulta las lesbianas no suelen padecer tanta burla, crítica y violencia como los hombres gay en sociedades homofóbicas como la nuestra.

Luego, en la adolescencia, las jóvenes lesbianas suelen iniciar su vida sexual más tarde que los adolescentes varones: primero tienden a enamorarse, y sólo después a tomar consciencia del deseo propiamente sexual. En una palabra, en las adolescentes y aun en las lesbianas adultas la homosexualidad es afectiva antes de ser genital. En los adolescentes varones y también en muchos hombres gay adultos suele suceder lo opuesto: primero experimentan la atracción sexual, y después el vínculo afectivo. Y esto hace un mundo de diferencia en su manera de vivir la homosexualidad.

En tercer lugar, por razones que tienen que ver con la educación y socialización de las mujeres, las lesbianas suelen tener muchas menos parejas sexuales que los hombres gay: menos acostones y aventuras, y menos parejas sentimentales a lo largo del ciclo vital. También padecen muchísimas menos enfermedades de transmisión sexual, incluso muchas menos que las mujeres heterosexuales. Esto se debe tanto a su menor número de parejas como a sus prácticas eróticas, en las cuales no hay intercambio de fluidos sexuales. Para dar un solo ejemplo, prácticamente no existen casos de transmisión del VIH entre mujeres.

Por supuesto, yo no sabía nada de esto cuando inicié mi vida sexual y salí del clóset a los 16 años. No me identifiqué con los estereotipos de la época, porque no los conocía. No me pareció que estuviera enferma porque me sentía muy a gusto con Anastasia, y nuestra relación era conocida y aceptada en el liceo y en mi familia. Nunca tuve miedo ni vergüenza; mi orientación sexual siempre me pareció normal y natural. Quizá por ello nunca me pregunté por qué resulté ser homosexual. De hecho, he conocido a poquísimos homosexuales que se hayan hecho esa pregunta. Suelen ser sus padres los que se la hacen, al intentan indagar qué o quién es responsable de la homosexualidad de sus hijos. Y en su búsqueda de respuestas, echan mano de toda una serie de viejos mitos.

En primer lugar, gracias a las teorías de Freud y su ulterior simplificación, muchos padres de familia piensan que ellos son los responsables, y con gran frecuencia se acusan uno al otro. Por su parte, las mamás muchas veces se sienten culpables ellas mismas y se preguntan qué hicieron mal. Los papás, que de todos modos rara vez se sienten responsables de la crianza de sus hijos, también suelen acusarlas a ellas. Asimismo, es común que las mamás culpen a sus maridos por no haber tenido más presencia en el hogar.

En segundo lugar, los padres de jóvenes homosexuales buscan la culpa en las "malas influencias": alguna amistad o grupo, o algún medio, que los indujo al error y los llevó por mal camino. Esta idea totalmente falaz presupone que la homosexualidad es contagiosa, o que la orientación sexual se aprende por imitación. Si esto fuera cierto, casi no habría gente gay: la inmensa mayoría de homosexuales creció en un entorno familiar y cultural completa y exclusivamente heterosexual y sin conocer a gente homosexual hasta la adolescencia o la adultez, edad en la cual su orientación ya está básicamente definida.

En el mismo orden de ideas, muchos padres de familia buscan algún incidente de abuso sexual infantil que pudiera explicar la orientación sexual de su hijo, sin detenerse a pensar que si todos los niños, niñas y adolescentes que fueron abusados se volvieran homosexuales, al menos el 20% de la población mexicana sería homosexual. Finalmente, algunos (pocos) padres de familia recurren a alguna explicación genética: de pronto se acuerdan de un tío "raro" que nunca se casó, o de una tía que siempre vivió con su "amiga"…

Sin embargo, como lo ha mostrado toda la investigación al respecto, ninguna de estas supuestas "causas" de la homosexualidad puede explicarla. Ninguna de ellas, ni una combinación de ellas, aparece de manera sistemática ni universal en la vida de la gente homosexual. Es decir: no es cierto que todos los homosexuales hayan tenido padres ausentes y madres sobreprotectoras, ni que hayan sufrido alguna agresión sexual, ni que hayan sido iniciados a la homosexualidad por terceras personas, ni que hayan tenido a homosexuales entre sus antepasados.

Para la gran mayoría de los jóvenes gay, hoy en día en todo caso, la pregunta central no es el porqué, sino cómo vivir su homosexualidad: salir o no del clóset, cómo encontrar o mantener una relación de pareja, y cómo lidiar con la familia, que suele ser el mayor problema para casi todos debido al rechazo de sus padres. La principal dificultad para muchos homosexuales —la crítica, la estigmatización, la homofobia— no se ubica en su entorno social, sino, paradójicamente, dentro del seno familiar. Afortunadamente ése nunca fue mi caso.

Poco después de la muerte de mi madre a finales del 1984 y el nuevo matrimonio de mi padre, mi compañera Patricia y yo, mi papá y su esposa hicimos juntos un viaje en coche por Francia, donde mi papá era embajador de México. Una noche llegamos tarde a Vézelay, sitio de una de las iglesias románicas más bellas de Francia. En aquella época sólo había dos hoteles en el pequeño pueblo. Optamos por uno de ellos, que se veía casi vacío, y pedí dos habitaciones con cama matrimonial, una para ellos y otra para nosotras. La recepcionista me dio la primera pero, al mirarme a mí y a Patricia, aseveró que no tenía más cuartos para matrimonios, y que sólo quedaban habitaciones con camas individuales. Fui a decírselo a mi papá, que me esperaba en el lobby, y le anuncié que íbamos a ver si había espacio para nosotras en el hotel de enfrente. Mi papá entendió inmediatamente de qué se trataba: fue a la recepción, dio un manotazo en el mostrador y le dijo con firmeza a la encargada que si no nos daba a nosotras una habitación con cama matrimonial íbamos a irnos todos al otro hotel. La recepcionista accedió de inmediato, y mi papá exclamó, ya de regreso con nosotras en el lobby: "¡Pero cómo no iban ustedes a dormir juntas! ¡Por supuesto que sí!"

Algunos años más tarde, cuando compré un departamento en la Ciudad de México, le pregunté si debía o no escriturarlo a nombre de las dos. Me miró extrañado y declaró: "¡Claro que sí, Patricia es tu compañera de muchos años!" Y así lo hice, mucho antes de que existiera en México la unión civil o el matrimonio entre personas del mismo sexo. Para ello contó no sólo que Patricia se hubiera ganado el cariño de mi padre —quien la adoraba y le dijo alguna vez que la quería por amarme— sino también por su irrestricto respeto por mi derecho a vivir libremente.

En lo que se refiere al resto de mi familia, mi hermano Jorge, con quien nunca he hablado del tema, sencillamente dio mi homosexualidad como un hecho y siempre ha tratado bien a mis parejas. Mi otro hermano, Andrés, 11 años mayor que yo, habló conmigo algunas veces cuando salí del clóset, con una curiosidad un tanto libidinosa, y ha mantenido una relación cordial con mis parejas. Mi abuelita y mis tías siempre nos trataron bien a mí y a mis compañeras; lo mismo podría decir de mis primos y sobrinos. Sólo podría mencionar que con todos ellos hubo cierta marginación: no ser incluida o consultada en ocasiones o en decisiones familiares en las que lo hubiera sido de estar casada con un hombre. No lo sé a ciencia cierta, es sobre todo una intuición que he tenido a veces. Lo que me queda más claro es cierta condescendencia de todos ellos hacia mí: no ser percibida como igual, como adulta plena, sino como alguien que nunca acabó de crecer por no poseer los principales atributos de una mujer madura, es decir, marido e hijos. Por supuesto, en esta actitud se confunden homofobia y machismo, que siempre van de la mano.

Mi adolescencia terminó cuando, a los 18 años, me fui a estudiar a la Universidad de Harvard, dejando en Ginebra a mis padres y a Anastasia. Mantuve con ella una relación epistolar durante unos meses, hasta que me involucré con otra mujer y terminé con ella por carta. Creo que la lastimé mucho, pero era inevitable: había emprendido una nueva fase de mi vida, que no tenía ya nada que ver con la etapa un tanto provincial de mi estancia ginebrina.

Capítulo tres

Descubrimiento de la liberación gay y del feminismo

Cuando llego a Harvard en el otoño de 1974 mi identidad homosexual ya está firmemente establecida a mis ojos y a los de mi familia. Me toca de compañera de cuarto una chica estadounidense de ascendencia armenia, rebelde e iconoclasta. Muy rápidamente se harta de su currículum de filosofía, que incluye tediosas clases de lógica pura, y decide que quiere estudiar letras y dedicarse a escribir; abandonará Harvard al final de su primer año. Desde un principio nos llevamos de maravilla. Compartimos cuarto en un área del campus que todavía, en 1974, es sólo para mujeres, y que hemos elegido por esa razón. El resto de los dormitorios universitarios ya está en pleno proceso de integración: aunque los cuartos todavía son para un sexo u el otro, los baños son unisex —cosa que escandaliza a mi padre en una ocasión que me visita, cuando va al baño que supone ser para varones, y se encuentra con mujeres duchándose y arreglándose.

Nuestra área, llamada "The Nunnery", o "el convento" por ser exclusivamente de mujeres, es de las más divertidas del dormitorio. En ella conviven chicas de varios países que han elegido vivir entre mujeres por razones diversas; mantenemos un ambiente de fiesta permanente, estudiando juntas y visitándonos en pijama. Cuando empiezo a llevar a novias a dormir conmigo, a mi compañera de cuarto no le molesta ni le parece extraño: después de todo, seguimos entre mujeres y somos todas feministas.

En esta nueva fase florezco en todos los aspectos de la vida. Desde un principio he sido admitida a un programa especial que combina letras e historia, y escojo como especialidad los siglos XVI y XVII en Inglaterra, Francia y España. Paralelamente, en una escuela de música cercana sigo estudiando la flauta transversa; en mi segundo año ingreso a un coro y al equipo universitario de squash. Nunca he sido tan feliz.

Cuando me entero de que existe, entre muchos otros clubes, la Harvard-Radcliffe Gay Students Association, una asociación para estudiantes gay y lesbianas (una de las primeras en Estados Unidos), me inscribo de inmediato y empiezo a participar en sus pláticas y reuniones. La gran mayoría de los miembros son varones, pero el tema del momento es la candidatura demócrata de Elaine Noble, abiertamente lesbiana y activista LGBT, a la legislatura de Massachusetts a finales de 1974. Carismática y valiente, ha sido criticada, acosada y amenazada; su casa, oficinas y auto han sido vandalizados. Sus actos de campaña en Boston, incluyendo una plática en Harvard, reúnen a cientos de lesbianas y feministas. En cambio, asisten pocos hombres y aún menos miembros de la comunidad gay masculina, quienes no entenderán la importancia crucial de la solidaridad entre hombres y mujeres gay hasta la emergencia del sida pocos años después, cuando encontrarán en la comunidad lésbica un apoyo fundamental.

El público en los actos de campaña de Elaine Noble es por tanto abrumadoramente femenino y juvenil, en un ambiente a la vez contestatario y festivo. La admiramos además por ser la compañera de Rita Mae Brown, autora idolatrada de *Rubyfruit Jungle* (1973), una de las primeras novelas lésbicas en Estados Unidos. Nos impacta la personalidad y forma de hablar de la candidata, sobre todo cuando declara que una de cada 10 personas es gay: acto seguido enumera teatralmente a los asistentes del uno al 10, señalándonos con el dedo uno a uno y haciendo una pausa antes de proclamar: "¡Y diez! Estadísticamente, ¡tú eres gay!" La afirmación nunca deja de suscitar risa y aplausos entre el público. Pese a esa actitud provocadora, Elaine Noble será electa dos veces a la legislatura de Massachusetts, en la primera victoria a nivel estatal de un candidato abiertamente gay en Estados Unidos.

La estadística del 10% aludida por Elaine Noble, según la cual una de cada 10 personas es homosexual, jugó un papel muy importante en el movimiento de liberación gay. Se refiere a los estudios llevados a cabo por Alfred Kinsey, célebre estudioso estadounidense de la sexualidad y fundador del Institute for Sex Research. Sus principales investigaciones, basadas en miles de entrevistas y encuestas y publicadas en 1948 y 1953, habían llegado a dos conclusiones centrales.

En primer lugar, según Kinsey no existe una clara demarcación entre homo y heterosexualidad, sino una gama fluida y continua entre los dos extremos. La escala que lleva su nombre permite precisar la orientación sexual de cualquier persona, puesto que va de exclusivamente heterosexual a exclusivamente homosexual, con las graduaciones siguientes:

0. Exclusivamente heterosexual
1. Predominantemente heterosexual, homosexualidad muy ocasional
2. Predominantemente heterosexual pero con algunas conductas homosexuales

3. Atracción por hombres y mujeres en la misma medida
4. Predominantemente homosexual pero con algún contacto heterosexual
5. Predominantemente homosexual con actividad heterosexual muy ocasional
6. Exclusivamente homosexual

(Más tarde, Kinsey introduciría una categoría más: la X, para denotar la asexualidad.)

Kinsey demostró que la mayoría de la gente se sitúa no en alguno de los dos extremos sino en las categorías intermedias y que, por lo tanto, existen pocos homo u heterosexuales "puros", lo cual significa que las conductas homoeróticas no se limitan a los homosexuales ni pueden, por ende, considerarse "anormales". Es más, 37% de los hombres y 13% de las mujeres en la muestra de Kinsey habían tenido al menos una experiencia homoerótica culminada en orgasmo, cifras que dieron al traste con la visión de la homosexualidad según la cual sólo las personas enfermas, criminales o "pervertidas" tienen conductas homosexuales. Kinsey también postuló que la orientación sexual no está dada desde el nacimiento ni es inmutable, sino que puede cambiar, o sea, que es flexible y variable, contrariamente a lo que se pensaba.

Estas ideas fueron retomadas por el movimiento a favor de la despenalización de la homosexualidad y luego el de la liberación gay. También lo fue el otro hallazgo central de Kinsey: que 10% de la población es homosexual. Obtuvo esta cifra al extrapolar el dato de que 10% de los hombres en su muestra se identificó como predominantemente homosexual, y que 13% de los hombres y 7% de las mujeres reportaron haber tenido al menos una experiencia homoerótica en los tres últimos años.

Tal extrapolación y las cifras resultantes han sido totalmente desacreditadas en los últimos 25 años, por la metodología de las encuestas y porque la muestra de Kinsey —principalmente hombres encarcelados y estudiantes universitarios— distaba mucho de ser representativa de la población general.

La investigación actual, basada en muestras mucho más amplias y representativas y derivadas de encuestas, censos, estudios de mercado y registros de unión civil o matrimonio, arroja datos mucho más fiables desde un punto de vista metodológico. Las cifras generalmente aceptadas hoy en muchos países oscilan entre 3 y 5% de la población, con un máximo de 2% para las mujeres y 5% para los hombres (sin contar a los bisexuales). Aun así, muchos activistas gays siguen convencidos de que 10% de la población es homosexual.

Algunos, sin el menor fundamento, sostienen incluso que la cifra es aún mayor, porque la gente gay suele ocultar su orientación y mentir en las encuestas. Estas objeciones, ciertamente legítimas hace un par de decenios, ya no son válidas. Hoy en día la población homosexual está perfectamente identificada en muchos países occidentales: se sabe dónde reside, si vive en pareja o no, cuáles son sus marcas preferidas de coche y de ropa, qué películas ve, qué libros lee, si tiene mascota o no, dónde pasa sus vacaciones, qué restaurantes suele frecuentar, cuál es su ingreso y en qué gasta su dinero, cómo pasa su tiempo libre…

Me hago la pregunta: ¿por qué persiste, en la mente de tantos homosexuales, la famosa cifra del 10%? Entiendo que fue muy importante durante una fase del movimiento de liberación gay hacer visible este segmento de la población, para que la sociedad no siguiera creyendo que sólo existían unos cuantos especímenes aislados sino una comunidad numéricamente significativa. En su momento fue indispensable hacerse presentes, como rezó una consigna histórica: "We're queer, we're here!". De ahí que el movimiento gay haya impulsado la cifra del 10% durante tanto tiempo, incluso mucho después de que fuera desacreditada.

En segundo lugar, la cifra del 10% hoy sólo suscita incredulidad entre los heterosexuales, quienes de todos modos están predispuestos a creer que los gays siempre exageran. Añadiría, como observación personal, lo siguiente: se estima que una persona que vive en un medio urbano occidental conoce a un promedio de 600 personas. Sin embargo, nunca he encontrado a un heterosexual que conozca a 60 homosexuales, a menos que trabaje o viva en un entorno predominantemente gay; y he planteado la pregunta en innumerables ocasiones, tanto frente a públicos grandes como entre amistades. Generalmente, la gente heterosexual conoce al máximo a unos 20; y lo más usual es que conozca sólo a cinco o seis. Estamos muy lejos del 10 por ciento.

En tercer lugar, he constatado que muchos gays tienden a pensar que en el fondo todo el mundo es homosexual o que podría serlo. Muchas veces se basan en intuición (el famoso *gaydar* o radar gay), en anécdotas o bien rumores cuya verdad no les consta. Teóricamente, tal y como lo dijeron tanto Freud como Kinsey, es en efecto posible. Sin embargo, no resulta ser así en la práctica. En los hechos, la vasta mayoría de la gente heterosexual no tiene deseos o prácticas homosexuales, así como la vasta mayoría de la gente homosexual no tuvo, ni tiene, deseos o prácticas heterosexuales. A mucha gente gay le gusta pensar que su orientación es más común de lo que es, pero la realidad estadísticamente comprobada es otra.

Sin embargo, entiendo perfectamente el atractivo del 10%. En los años setenta, cuanto se vuelve una de las banderas del movimiento gay y cada vez que Elaine Noble lo enarbola en sus discursos, me siento orgullosa de formar parte de tan importante minoría. Además, la proporción me parece ideal: somos muchos, pero no demasiados; seguimos siendo especiales, pero ya no estamos solos. Es en este contexto que las reuniones y actividades de la asociación lésbico-gay de la universidad me brindan, por primera vez, una sensación de pertenencia.

Un día, llega a la asociación una petición de la Escuela de Medicina de Harvard: por primera vez en su historia desea invitar a dos jóvenes gays, un hombre y una mujer, para hablar de sí mismos y responder a preguntas ante un público de estudiantes de medicina. Sin dudarlo, un compañero del grupo y yo nos ofrecemos como conejillos de india, y unas noches después nos presentamos en el principal auditorio de la Escuela de Medicina frente a más de 200 futuros médicos. De pie en el escenario, micrófono en mano, contamos nuestras historias y respondemos a un diluvio de preguntas: ¿Desde cuándo supiste que eras gay? ¿Sientes que perteneces al otro sexo? ¿Cómo fue tu infancia? ¿Lo saben tus padres?

¿Cómo reaccionaron? ¿Has tenido experiencias heterosexuales? ¿Te disgustan las personas del otro sexo?
¿Fuiste alguna vez violada, o tuviste una mala experiencia con algún hombre? Ambos tenemos 18 años, pero
nos sentimos muy seguros de nosotros mismos, además
de halagados por ser el centro de atención en un espacio tan prestigiado: respondemos con honestidad y con
humor, y al final recibimos una larga ronda de aplausos. Cuando regresamos a nuestro campus, ya tarde en
la noche, nos sentimos orgullosos de haber participado
en un evento histórico.

También a través de la asociación lésbico-gay
descubro que existe en Boston un bar de mujeres: The
Saints, el único en esa época. Comienzo a frecuentarlo,
los miércoles y viernes, y a veces también los sábados.
Me parece un lugar maravilloso, totalmente diferente
de los dos o tres bares gay que conocí en Ginebra. En
ellos, la mayoría de los clientes eran hombres, y se trataba muy expresamente de lugares de ligue un tanto sór-
didos, sumidos en la semioscuridad aparte de las luces
estroboscópicas en la pista de baile, y con música rock
y disco a todo volumen. Las pocas mujeres que los fre-
cuentaban, además de mis amigas, eran mucho mayores
que yo, y se veían tristes y solas.

En cambio, el ambiente en The Saints es casi
hogareño. El área del bar tiene mesas, algunos sillones

y una mesa de billar; en la sala contigua que es la pista de baile, hay una luz tenue y música pop suave con una predominancia de artistas mujeres como Carole King, Joni Mitchell y Carly Simon. De vez en cuando, para gran regocijo del público, se presenta el grupo Lilith conformado por siete mujeres, que también tocará en la fiesta de inauguración de Elaine Noble a principios de 1975. Entre la clientela y detrás del bar, sólo hay mujeres. Muy de vez en cuando llega a entrar algún hombre despistado o morboso; la encargada del bar le sirve y luego le explica discreta y cortésmente que se trata de un espacio para mujeres, y le pide que se vaya al terminar la copa. Que yo sepa, nunca ha habido pleitos por ello: el visitante mira con curiosidad a su alrededor, ve que en efecto sólo hay mujeres en la barra, las mesas y el billar, quienes por lo demás no le hacen el menor caso, y rápidamente se da cuenta de que no va a lograr nada ahí.

Casi todas somos estudiantes de alguna de las docenas de universidades en Boston. Hay pocas mujeres mayores, probablemente porque las lesbianas mayores siguen en el clóset. Vestimos de manera muy sencilla, en el uniforme estudiantil generalizado: jeans o pantalón de pana, playera y sudadera. Pero existen también dos perfiles aparte de ese promedio más o menos unisex: por una parte las *butch* o "camioneras", muy masculinas, quienes usan el pelo muy corto o rapado, son generalmente gordas y visten botas y camisas de franela de leñador. Por otra parte, están las lesbianas *femme*, sumamente femeninas que, si bien no llevan falda, usan pantalón elegante, tacones y maquillaje.

No me identifico con ninguno de los dos perfiles. Físicamente soy alta y esbelta, con pelo corto pero peinado en un estilo más bien francés y femenino. Prefiero a las chicas *femme*, y juego un papel un tanto "masculino" frente a las mujeres que me atraen: me gusta seducirlas y sacarlas a bailar, besarlas y acariciarlas hasta donde me lo permitan. En una palabra, intento "conquistarlas" y lo logro fácilmente: aunque baile muy mal y sea pésima jugadora de billar soy guapa, tengo un aire vagamente europeo, hablo francés y soy estudiante de Harvard. Tengo todos los atributos de una gran seductora. Muchos años después me enteraré de que tenía muy mala fama en The Saints, por mis actitudes y conductas machistas.

Lo que yo no sabía en 1974 es que no sólo había llegado a Estados Unidos (o por lo menos a algunos espacios progresistas) el movimiento de liberación gay, sino también el feminismo. Ya no era aceptable tratar a las mujeres como objetos sexuales, y menos aun dentro de un espacio creado por mujeres y para mujeres, como era The Saints. Los viejos patrones de seducción, tanto lésbicos como

heterosexuales y basados en roles de género tradicionales, como los que había aprendido en México y Ginebra,
ya eran mal vistos. El estudiantado de Harvard, en esa
como en otras áreas de la protesta política, social y sexual
tras las manifestaciones contra la guerra de Vietnam
al final de los años sesenta y los tempranos setenta, estaba a la vanguardia de las causas liberales de la época.

Ya para 1974 el movimiento feminista estaba en
pleno auge en Estados Unidos. En los tempranos años
setenta se publicaron varias de sus obras fundamentales
como *Sexual Politics* de Kate Millett (1970), *The Female
Eunuch* de Germaine Greer (1970), *Fear of Flying* de
Erica Jong (1973) y *The Women's Room* de Marilyn
French (1977), entre muchas otras. En 1971 apareció
una obra central para el empoderamiento de las mujeres: *Our Bodies, Ourselves* del Boston Women's Health
Book Collective, que fue una verdadera biblia para
las jóvenes feministas de la época al presentar de una
manera clara y accesible la anatomía, sexualidad y salud
reproductiva de las mujeres. Asimismo, en 1972 Gloria
Steinem había cofundado la revista mensual *Ms.*, que
también jugaría un papel importante en el movimiento.

Recién llegada de Ginebra, ciudad históricamente con-
servadora y calvinista, yo ni siquiera estaba enterada de
la causa feminista. En mi casa jamás había escuchado

nada al respecto. Aquí debo mencionar algunas peculiaridades de mi madre: mujer brillante, sobresaliente por su inteligencia, formación y cultura. De origen ruso judío, nacida en una pequeña ciudad cerca de Vilnius en lo que hoy es Bielorrusia, se había doctorado en bioquímica en la Universidad Libre de Bruselas a los 24 años en 1938: en aquel entonces había pocas universidades que admitieran a mujeres y menos aún a mujeres judías. Al haber sido, así como su primer esposo, Leonid Rozental, reclutada para trabajar en una empresa mexicana que requería de científicos europeos para la fabricación de cerveza en México, emigró a México en diciembre de 1938. Vivió la Segunda Guerra Mundial en México, sin saber hasta 1944 que sus padres y toda la comunidad judía de su ciudad natal habían sido asesinados por los nazis en 1942. Tuvo a su primer hijo, mi medio hermano Andrés, en 1945, se divorció en 1950 y luego se casó con mi padre, Jorge Castañeda y Álvarez de la Rosa en 1953, año en el cual también nació mi hermano Jorge.

Todo ello para decir que mi madre había sido feminista en los hechos, tanto en su vida personal como profesional. Pero también tenía la forma de pensar de su generación, a pesar de haber vivido en diferentes países y trabajado durante muchos años en Naciones Unidas. A final de cuentas, tenía 60 años cuando yo cumplí 18. Creía firmemente en la biología y en la complementariedad anatómica, sexual, emocional e intelectual de hombres y mujeres, y cultivaba cierta deferencia ante los hombres aunque éstos no tuvieran, ni de lejos, sus conocimientos.

Daré un pequeño ejemplo de sus contradicciones acerca del papel que debían sostener las mujeres. Mi madre sabía perfectamente cocinar, coser y planchar. Justo antes de irme a Boston le pedí que me acortara un pantalón que me quería llevar. Sorprendida, me exigió que lo hiciera yo misma y, cuando le objeté que no tenía la menor idea de cómo hacerlo, me replicó molesta: "¡De qué sirve que te vayas a estudiar a Harvard si no sabes ni siquiera cómo hacer un dobladillo!" Le recordé que ella jamás me había enseñado a coser y le pregunté: "¿Dónde más hubiera podido aprenderlo si nunca me enseñaste nada de eso?" En efecto, mi madre nunca me enseñó las tareas "femeninas" de la vida. Nunca aprendí con ella cómo coser, cocinar ni planchar; ni tampoco cómo vestirme, maquillarme ni conducirme según los parámetros de la feminidad. Paradójicamente, a mi mamá no le importaban esas cosas ni me las inculcó: sin embargo, siempre me reprochó no haberlas aprendido.

Ciertamente, tanto en casa como en la sociedad en general, los roles de género se volvieron bastante confusos a partir de los años setenta, y aún más cuando se trataba de entender la homosexualidad. Todavía se pensaba que los hombres gay eran básicamente "femeninos" y que las lesbianas eran en realidad hombres fallidos, que hubieran querido ser hombres. Nada más falso. No se entendía aún, y mucha gente sigue sin entender al día de hoy, la distinción entre el sexo biológicamente dado y el rol de género que cada quien aprende y desarrolla según su personalidad, su historia familiar y personal, y su entorno sociocultural. Así, hay hombres gays con actitudes y conductas consideradas femeninas, y otros con actitudes y conductas consideradas masculinas, pero todos no sólo son hombres en el sentido biológico, sino que se ven a sí mismos como varones, son felices de serlo, y de ninguna manera les gustaría ser mujeres. Asimismo, hay lesbianas que adoptan un rol de género considerado masculino por la sociedad, y otras un rol "femenino": pero todas son mujeres y felices de serlo, y de ninguna manera quisieran ser hombres. En todos estos casos (hablando de homosexualidad y no del transexualismo), la identidad sexual corresponde al sexo biológico, y lo único que cambia es la orientación sexual, es decir el sexo del objeto amoroso y sexual.

Hoy día se hacen distinciones mucho más finas y complejas entre sexo biológico, identidad de género y orientación sexual. Además de los hombres gays como los arriba mencionados, hay hombres travestis que, sin querer dejar de ser hombres, adoptan un rol de género femenino, y hay lesbianas que, sin querer dejar de ser mujeres, adoptan un rol de género masculino. Hay personas transexuales que desean cambiar de sexo, o que, para ser más precisos, consideran que son en realidad del otro sexo aunque biológicamente no hayan nacido así. Poco a poco la investigación científica y psicológica ha podido delimitar todas estas categorías, y gracias a ello los hombres gays y las lesbianas pueden entender hoy día que son plenamente hombres y mujeres, con la sola peculiaridad de que les atraen personas de su mismo sexo. Esta aclaración ha sido muy importante, junto con la despatologización de la homosexualidad a partir de los años setenta, para la autoestima y la inserción social de la gente gay.

Durante mi adolescencia y temprana adultez se sabía poco o nada de todo ello. Se pensaba que los homosexuales no eran hombres o mujeres a cabalidad, sino algo intermedio que se consideraba una especie de "tercer sexo". Basándose en lo que pudo leer mi mamá cuando yo tenía 18 años, como casi todo el mundo en aquella época, seguramente pensó que su hija lesbiana era alguna extraña combinación de hombre y mujer.

Para confundir aún más las cosas, fue precisamente en esos años, los tempranos setenta, cuando se extendió la moda unisex. Como parte del movimiento hippie de los años sesenta y sobre todo del feminismo, las mujeres habían cambiado radicalmente su forma de vestir, de peinarse y de actuar. La consigna era deshacerse de los símbolos de la sujeción femenina ante los hombres: la ropa incómoda o impráctica (corsés, jarreteras, medias, tacones altos), el maquillaje y los peinados elaborados de los años cincuenta y sesenta. Las mujeres, sobre todo las jóvenes, empezaron a vestirse de pantalón, zapato bajo, playera o camisa, y a usar el pelo corto. Muchas se iniciaron en deportes que hasta entonces habían sido restringidos a los hombres. Por ejemplo, en Harvard formé parte del primer equipo femenil de squash, y surgieron asimismo equipos de remo y basquetbol, deportes anteriormente limitados a los estudiantes varones. Este fenómeno era tan novedoso que los entrenadores de tales equipos todavía eran hombres.

Por todo ello, cuando mi madre registró que yo era lesbiana al final de mi adolescencia y observó mi forma de vestir y mis actividades e intereses poco "femeninos" a sus ojos, era lógico que dedujera que su hija era una mujer de alguna manera incompleta, y que mis rasgos "masculinos" seguramente tenían algo que ver con la homosexualidad. No consideró que yo había crecido con hermanos varones mayores, a quienes naturalmente emulaba —para bien y para mal— en sus formas de ser y de vestir, y en sus juegos e intereses. Tampoco tomó en cuenta que casi todas las jóvenes de mi edad, tanto en la preparatoria en Francia como en la universidad en Estados Unidos, vestían y se comportaban como yo. Todo ello iba en contra de su visión de hombres y mujeres como seres fundamentalmente diferentes y complementarios, según los lineamientos que habían predominado durante su propia infancia y juventud medio siglo antes.

Por supuesto, esta visión sigue vigente para mucha gente al día de hoy, sobre todo en países machistas como México, que mantienen los roles de género tradicionales, en los cuales no se acepta que una mujer se vista o se comporte como hombre, ni que un hombre se vista o se conduzca como mujer según las definiciones, muy rígidas, de generaciones anteriores. Por mi parte, aunque tampoco tuviera claro todo esto en mi temprana juventud, jamás me identifiqué como varón, ni quise ser hombre. Aparte del desconcierto inicial que me causó la pubertad, siempre me encantó mi cuerpo de mujer, sobre todo desde que aprendí a disfrutar el sexo.

Durante un par de meses salgo con una bostoniana de ascendencia irlandesa a quien conozco en The Saints: una mujer un poco mayor que yo, de ojos gris claro, cuyo acento y sentido del humor me encantan. Es traviesa y juguetona, y se mueve en un auto viejísimo que a

veces se rehúsa a arrancar durante el invierno. Casi nunca tiene dinero, y esto la lleva de una catástrofe a otra.
Un día se le rompen los anteojos, y no le alcanza para
remplazarlos. La semana siguiente choca el coche por
manejar casi a ciegas; tampoco le alcanza para arreglar-
lo y, por supuesto, no está asegurado. Al no tener coche,
llega tarde al trabajo… y lo pierde. Y así sucesivamente. Sin embargo, de algún lado saca el dinero necesario
para siempre tener un par de pastas de LSD, droga de
moda. Siempre me ofrece probarla, y siempre me niego:
me dan miedo las drogas alucinógenas. Esto no le impide, una noche, echar una pasta a mi cerveza, a escondidas. Para ella seguramente no es más que una travesura
inofensiva; pero para mí resulta ser una pesadilla. No
sé qué me sucede, a pesar de estar en su casa me siento mareada y desorientada. Cuando intento dormir me
asedian imágenes de grietas en las paredes, caras sinies-
tras en el plafón, y no sé quién soy ni qué estoy haciendo ahí. Madge, espantada, intenta apaciguarme, pero no
me dice hasta la mañana siguiente qué fue lo que hizo.
Cuando por fin puedo incorporarme salgo disparada de
su casa. Tardo tres días en recuperarme, y por supuesto rompo con ella.

Entretanto, a los dos meses de haber ingresa-
do a Harvard conozco a Jenny en una fiesta del dormitorio, aunque ella vive en otra área del campus. No

le hago demasiado caso, porque es sumamente tímida; cuando platico con ella por curiosidad me comenta que su máxima aspiración es trabajar en una gran agencia de publicidad, que su deporte preferido es el basquetbol y que es fan de Julie Andrews (la de *Mary Poppins*). Demasiado convencional para mi gusto, no me despierta mayor interés; pero unos días después me busca y nos vemos en una pizzería cerca de la universidad. Me cuenta que su familia en Pittsburgh es de origen polaco y sumamente católica, pero que ella es feminista y que su verdadera meta es volverse artista, contra los deseos de sus padres. Nos volvemos a ver un par de veces y aprendo que, además de ser una estudiante y atleta brillante, ha sido aceptada en el mejor coro de Harvard, al cual es muy difícil ingresar, así como al equipo de remo. En su dormitorio, donde comparte una suite con otras cuatro chicas, me enseña algunos de sus dibujos llenos de vida, que me sorprenden por su dinamismo y su muy alto nivel técnico, y descubro que tiene además un gran sentido del humor... Sus caricaturas de personas que conocemos, dibujadas en unos segundos, me hacen reír a carcajadas. En una palabra, me doy cuenta de que se trata de una personalidad compleja y apasionante, oculta tras su timidez y una excesiva modestia.

Unos días después la invito a ir conmigo al Saints; acepta con cierta reticencia ir a un bar de lesbianas, de tal modo que me asombra su ternura y su receptividad física al bailar unas piezas slow conmigo. No sé cómo interpretar su interés por mí, dado el conformismo de sus gustos y su forma de vestir. Para mi sorpresa, me confiesa después de un rato que se siente sumamente atraída por mí, pero que ha dejado atrás en Pittsburgh una relación sexual y amorosa, totalmente clandestina, con una de sus maestras de la preparatoria. Quisiera salir conmigo pero teme romper con esa mujer celosa, mucho mayor que ella, que le llama diariamente para interrogarla acerca de sus estudios y actividades; además, le preocupa que su familia se vaya a enterar de una relación entre nosotras.

Esto no nos impide juntarnos al poco tiempo. Tanto para ella como para mí la sexualidad que experimentamos juntas es una revelación. Practicamos poco la penetración dado que ella es virgen, pero la estimulación clitoridal es más que suficiente para que gocemos múltiples veces y de manera simultánea. Además me llena de ternura, hasta las lágrimas, su confianza al dormir entre mis brazos en mi estrecha cama, con su cuerpo a la vez sensual, delicado y fuerte, su piel tan suave, su aliento limpio y sus pestañas largas que me rozan delicadamente la garganta como si fueran plumas de algún ave que milagrosamente ha llegado a hacer su nido en mi pecho.

Jenny resulta ser una revelación en muchos otros sentidos. Me inicia en la fotografía y el cine y arte contemporáneos. Siguiendo su ejemplo, me uno al coro de mujeres de Harvard e ingreso a un equipo deportivo. Escojo el de squash, que me atrae más que el de remo, el cual exige un entrenamiento brutal: correr varias millas cada día al amanecer, ejercitarse con pesas y remar en el helado río Charles. La influencia es recíproca: yo la inicio en la literatura y la música clásicas; en el pensamiento de Marx, que había sido el autor estudiado en mi año del bachillerato en Francia, en un modo de vida europeo y en la necesidad absoluta de llevar una vida libre y creativa. Por su parte, Jenny deja atrás su idea de dedicarse a la publicidad y escoge como área de concentración las artes visuales en lugar de la economía y la administración de empresas. Yo asisto como oyente a sus clases de fotografía e historia del arte, y ella a las mías de literatura e historia.

Gracias a Jenny, por primera vez tengo una relación basada en actividades, en lugar de pasar horas y horas conversando en cafés, fumando y bebiendo cerveza. Dejo de fumar, diariamente dedico dos horas al ejercicio (natación, squash) y me vuelvo experta en el pinball porque hay unas maquinitas en el sótano de nuestro dormitorio, en el cual nos juntamos varios compañeros diario, tras el cierre de la biblioteca a la medianoche.

Cada vez que podemos, escuchamos a Yo-Yo Ma practicar el cello en la sala del dormitorio, reteniendo la respiración para no molestarlo mientras toca las suites de Bach. Nos volvemos sus fieles seguidoras, asistiendo a todos sus recitales y conciertos en la universidad y en la Master Class del gran cellista ruso Rostropovich en el Sanders Theater de Harvard. Lo absorbo todo junto con Jenny, quien comparte mi curiosidad intelectual y mi entusiasmo por todo lo nuevo. Incluso se transforma mi gusto por el cine: en Ginebra, mis amistades y yo éramos apasionados del nuevo cine francés y suizo de los años setenta (que hoy me parecen aburridísimos). Ahora, aprendo a apreciar el gran cine estadounidense en los diversos cineclubes de Harvard. Festejo el Día de Acción de Gracias y Halloween, riéndome a carcajadas del *Rocky Horror Picture Show,* que siempre se proyecta en Halloween. Con Jenny voy por primera vez a un juego de beisbol, donde devoro hot dogs, y varias veces por semana como pizza o hamburguesas. Paseamos por los alrededores de Cambridge en nuestras bicicletas de 10 velocidades, nuestro medio de transporte cotidiano para ir a clases y demás actividades. Y hacemos el amor varias veces al día, gracias a nuestra espléndida condición física. Somos felices: no sólo la pasamos bien, sino que aprendemos una de la otra en todos los aspectos de la vida. La influencia es mutua y sumamente positiva para las dos... aunque nuestros respectivos padres no lo vean así.

Para empezar, a mi madre le molesta que le hable tanto de Jenny, y con tal entusiasmo, cada vez que nos comunicamos por teléfono o por carta. Mi repentina fascinación por el estilo de vida estadounidense le parece artificial y exagerada. Le disgusta que describa mis actividades en plural como si estuviera casada, y considera que pasamos demasiado tiempo juntas. Cuando regreso a México durante las vacaciones tenemos discusiones apasionadas y a veces ásperas sobre mis nuevos intereses. Entusiasmada con la cultura estadounidense que estoy descubriendo en gran parte gracias a Jenny, defiendo a Andy Warhol y a John Cage mientras que mi padre intenta convencerme de la jamás igualada excelencia de Rafael y *Madame Bovary*, y mi madre me recita los versos de Pushkin. Les parece ridículo que dedique mi poco tiempo libre fuera del estudio al equipo de squash y al coro, habiendo ya logrado un nivel muy avanzado en la práctica de la flauta transversa. Les horroriza mi nueva forma de vestir: a todas horas y en todas partes ando en playera, sudadera, jeans y tenis. Cuestionan que esté todo el tiempo "pegada" a Jenny —quien por lo demás les parece una chica agradable, cuando la llevo a México en unas vacaciones— cuando debería dedicarme a "abrir mis horizontes" y mantenerme abierta a "nuevas experiencias"... lo cual me parece una forma de expresar en código su esperanza de que conozca a algún harvardiano varón que me haga cambiar de orientación.

Pero sus objeciones resultan ser poca cosa comparadas con la reacción de los padres de Jenny cuando se enteran de nuestra relación, durante nuestro cuarto y último año de universidad. He ido un par de veces a su casa en Pittsburgh, en la cual he sido bien recibida por toda la familia, que siente una simpatía un tanto condescendiente por la amiga mexicana de Jenny que, pobrecita, ni siquiera conoce las reglas del futbol americano. Su padre, inmigrado de Polonia décadas atrás, es un empresario exitoso; la casa, el jardín y los dos coches Cadillac reflejan la prosperidad ostentosa de los nuevos ricos. Todo me parece excesivo: la cocina repleta de aparatos eléctricos para abrir latas, tostar sándwiches, preparar waffles y hacer café, los dos refrigeradores y el congelador descomunales, los armarios inmensos llenos a reventar de sábanas, toallas y cobertores, los televisores en cada habitación, el cuarto de lavado con dos lavadoras y secadoras... La mamá de Jenny, dedicada al hogar, lava todas las toallas y sábanas de la casa diariamente, aparte de la ropa de sus cinco hijos. En una palabra, están viviendo el *american dream* en todo su esplendor: y esto incluye, crucialmente, tener a una hija estudiando en Harvard.

Para nuestra desgracia, en nuestro último año ingresa a la universidad el hermano menor de Jenny. Güerito de ojos azules, guapo y arrogante, sumamente conservador y fanático del golf, se erige rápidamente en inspector, espía y juez de su hermana, a quien delata en cuanto entiende la naturaleza de nuestra relación. De pronto nos llueve un diluvio de reproches y cartas acusadoras dirigidas a Jenny, de sus padres y demás hermanos. Nosotras ya llevamos un par de años viviendo juntas en un estudio-departamento para estudiantes de tercer y cuarto año que incluye una recámara, una sala que es nuestro lugar de estudio con sus dos escritorios y libreros, un baño y una pequeña cocina. Es evidente que compartimos no sólo la recámara sino una cama matrimonial, y que vivimos juntas como pareja. Dicho sea de paso, nunca hemos tenido problema alguno con nuestros vecinos ni con el tutor residente del dormitorio, aunque todo el mundo sabe que somos pareja y asistimos juntas a todas las fiestas y actividades del dormitorio. Asimismo, las dos formamos parte de nuestros respectivos equipos deportivos y coros, y nos vamos a graduar con los más altos honores académicos, sin jamás haber tenido problema alguno por nuestra relación de pareja que es conocida por nuestros vecinos y tutores, así como por las autoridades universitarias de nuestras respectivas áreas de concentración y del dormitorio.

Los padres de Jenny amenazan con desheredarla y cortarle los fondos para que no pueda terminar sus estudios. Su mamá le envía cada semana sin falla alguna foto de su infancia con la leyenda: "¿Qué le pasó a esta niña tan bonita?" Sus hermanos dejan de hablarle. Para acabarla de amolar, los padres de Jenny han hablado con la maestra que fue su amante clandestina y con la cual rompió al relacionarse conmigo, quien les dice que yo soy la que corrompió a su hija. De pronto, Jenny se ve asediada por todas partes: sus hermanos, sus padres y ahora también la maestra, que se ha unido a la campaña contra ella. El futuro de Jenny, sus aspiraciones, su relación con su familia, todo está en riesgo. Pasamos por una época terrible, y nuestra pareja acaba por pagar el precio. Cansada del llanto y la desesperación de Jenny y de las acusaciones de sus padres, me alejo de ella paulatinamente… y al terminar el año académico, en junio de 1978, nuestro amor llega a su fin.

Muchos años después Jenny me perdonará ese abandono —aunque la separación era inevitable tras nuestra graduación— y nos volveremos amigas entrañables. Reconoceremos que, de todos modos, nuestras vidas iban a separarse: al completar mis estudios soy elegida para un intercambio académico de un año entre Harvard y la Escuela Normal Superior de París. Jenny proseguirá sus estudios de posgrado en Estados Unidos y cortará todo contacto con su familia de origen… aunque años después le donará un riñón a uno de sus hermanos, con la generosidad que siempre ha sido la suya. Y unos años después de nuestra ruptura, Jenny conocerá a una violinista, inmigrante polaca, que resultará ser su pareja de vida. Hoy está casada con su compañera de casi 35 años, quien da clases de música y dirige varias orquestas en Boston. Por su parte, Jenny se ha dado a conocer como pintora de paisajes, naturalezas muertas y retratos a través de toda Nueva Inglaterra. Entretanto, sus padres murieron, sus hermanos se han mantenido alejados y Jenny casi nunca los ve ni tiene contacto con ellos.

Pensando en todo ello 40 años más tarde, no puedo dejar de hacerme algunas preguntas. Para empezar: ¿a mis padres les disgustó la importancia que tuvo Jenny para mí porque era mujer, o por razones estrictamente culturales e intelectuales? ¿Hubieran objetado lo mismo si me hubiera enamorado de un estudiante varón? Creo que no. Incluso creo que les hubiera parecido natural y hasta deseable, de haberme relacionado con un hombre, que este último tuviera una gran influencia sobre mí, que me "formara" intelectualmente y que yo me adaptara a sus gustos y actividades.

Pienso también en las múltiples formas que puede tomar el rechazo de los padres hacia sus hijos homosexuales. La primera es, por supuesto, culpar al compañero, lo cual sucedió con mis dos primeras parejas, Anastasia y Jenny. La segunda es no tomar en serio la relación de pareja: creer (y esperar) que se trata de una fase pasajera, o incluso de un mero capricho. La tercera es minimizar la importancia de la relación amorosa, considerando en el mejor de los casos que se trata de una amistad erótica entre dos buenas amigas, que por curiosidad o por compartir cuarto se acuestan juntas de vez en cuando.

Esta última es una forma encubierta y por ende especialmente perniciosa de la homofobia, común incluso en los padres de mentalidad abierta y liberal: mi hija o hijo tiene una relación erótica con una persona del mismo sexo, pero sólo es por un cariño mal entendido o como experimento. Pero no se trata de un auténtico amor, lo cual sólo puede existir entre hombre y mujer. Muchos heterosexuales piensan en efecto que tienen el monopolio del amor y que todo lo demás es un mero *ersatz*, un sustituto que puede ser placentero pero que nunca será el verdadero amor. Sé que mis padres, sobre todo mi madre, pasaron por todas estas formas de negación y minimización de mi homosexualidad. Y creo que a mi padre le era más fácil considerar que su hija un tanto excéntrica se entretenía en juegos eróticos con otras chicas, en lo que crecía y conocía a un hombre que valiera la pena. Pero tendría la sensatez años más tarde, al observar mi relación de décadas con mi pareja de vida, de entender que ya no se trataba de un mero experimento ni de una fase pasajera.

La reacción de los padres de Jenny fue mucho más agresiva y dañina. Debo decir que desde entonces he observado pocas veces una reacción tan abiertamente virulenta. Ciertamente, los padres de jóvenes gays que me han consultado no constituyen una muestra representativa, al haber llegado conmigo justamente porque querían entender, o por lo menos aprender a manejar, la homosexualidad de su hijo o hija.

Sólo diré que el daño, en el caso de Jenny y su familia, resultó ser irremediable y permanente. Siempre bien portada, brillante alumna, gran atleta y talentosa artista, pasó de ser la hija predilecta de sus padres a ser la oveja negra perversa y mentirosa, la excluida, la que tiró a la basura todos los valores y las oportunidades que sus padres le habían brindado con tanto trabajo y sacrificio. Ella intentó durante algunos años volver a ganarse su amor, pero nunca lo logró. Y finalmente se alejó, para protegerse del continuo rechazo: nunca más se abrió con ellos acerca de su vida personal, ni compartió con ellos los eventos importantes de su vida, ni le interesó, más tarde, cultivar una buena relación con sus sobrinos. Así fue como perdió a sus padres mucho antes de que murieran, y ellos a ella. Jenny mantuvo una relación cercana sólo con uno de sus hermanos (no el que fue a Harvard), a quien le donó un riñón cuando él lo necesitó sin que él, por lo demás, le mostrara gran agradecimiento. Hay cosas que no se pueden reparar ni perdonar, y ése fue el caso de Jenny y de muchas otras personas que he conocido. Y es por ello que considero que la homofobia es, de muchas maneras, un crimen no sólo contra el amor, sino contra los valores familiares en teoría más preciados por la sociedad.

Capítulo cuatro

Exploraciones y aventuras

Tras mi graduación y antes de ir a estudiar un año en la Escuela Normal Superior de París, paso el verano de 1978 en la Ciudad de México. Siento una gran liberación después de cuatro años de estudio intensivo, y mucha tristeza pero también alivio tras haberme despedido de Jenny. Me propongo conocer a gente gay, y empiezo a investigar si existen bares en la capital.

En esta fase de mi vida me es muy importante conocer a personas que compartan mi orientación sexual. Hoy, 40 años después, me cuesta trabajo entenderlo, pero sí recuerdo mi necesidad en aquella época de convivir con gente gay, sin importarme el género ni la edad, la nacionalidad ni la clase socioeconómica, ni tampoco el nivel educativo. Todo eso me da igual. Lo que cuenta es que sea homosexual como yo. Me pregunto ahora, ¿por qué ese afán? Lo que busco no es la aceptación, porque no soy rechazada ni discriminada en ningún lugar. Mi meta tampoco es ligar, puesto que busco conocer tanto a hombres gay como a lesbianas.

No: lo que me hace falta, en mi temprana juventud, es pertenecer. En parte esto se debe a una soledad crónica y permanente: el cambiar de país cada tres o cuatro años por la profesión de mi padre y luego por mis estudios me ha impedido conservar amistades y echar raíces. No estoy afiliada a nada: no tengo barrio ni ciudad, escuela ni universidad, partido ni parroquia, del cual sea miembro. En cambio, ser gay me da la sensación de pertenecer a un club, muy selecto por cierto porque acepta sólo a iniciados. Me siento orgullosa de ser lesbiana, y me da un gusto enorme cada vez que una persona célebre o admirada resulta ser gay, o cuando se descubre que algún personaje histórico era homosexual. Mis amistades y yo celebramos cada salida del clóset y aplaudimos la incorporación al club de cada nuevo miembro.

Pero hay otra cosa, más allá de la pertenencia. La realidad es que me siento más a gusto, soy más yo, entre gente gay. Con ellos tengo una historia compartida: todos fuimos diferentes desde chicos, todos somos únicos en nuestras respectivas familias y formamos parte de una pequeñísima minoría, todos tuvimos un primer amor desastroso, tuvimos que enfrentar las reacciones de familiares y amistades cuando salimos del clóset, y a todos nos ha costado trabajo encontrar amistades y parejas gay. Es difícil hablar de estos temas con la gente heterosexual, porque en general no los entienden ni les interesan. Además, hace 40 años no nos tomaban en serio cuando hablábamos de nuestros amores porque en el fondo no creían que pudiera existir el amor "verdadero" entre personas del mismo sexo. Creo que todo esto ha cambiado, pero así era cuando yo tenía 22 años.

En esa época también me siento más a gusto con los gays sencillamente porque me caen mejor. Los hombres, sobre todo, son sensibles e iconoclastas y se burlan de las convenciones sociales con un sentido del humor implacable, muy al estilo Oscar Wilde. También se burlan de sí mismos, exagerando sus manierismos hasta hacerme llorar de la risa. Pasan de ser melodramáticos y trágicos a simples y frívolos en espacio de segundos, en una visión teatral de sí mismos en la cual siempre aparentan estar jugando un papel. Además, están mucho más abiertos a la amistad con mujeres que los hombres heterosexuales. Les gusta la compañía femenina, sin cargarla de atracción sexual ni, al contrario, desecharla por falta de interés erótico. Siento que cuento con su amistad y su lealtad en toda circunstancia. Asimismo, me identifico más con las lesbianas que con mis amigas heterosexuales porque por lo general son feministas, no les interesan los juegos de seducción con los hombres si son solteras, ni su vida gira alrededor de ellos si tienen pareja. Por lo mismo no les preocupa tanto su apariencia, ni tampoco las normas de la feminidad convencional.

Por todas estas razones cada vez que llego a un lugar nuevo busco conocer a gente gay... y la mejor manera de hacerlo es explorar la vida nocturna. Cuando vengo a pasar las vacaciones de verano en la Ciudad de México en 1978 me entero de que existe un bar en la Zona Rosa llamado El Nueve. Fundado en 1974 por el francés Henri Donnadieu, es uno de los primeros espacios públicos abiertamente gay; jugará por ello un papel muy importante en la vida gay de la ciudad, hasta su cierre en 1989. De clase alta y media alta, es un lugar un tanto exclusivo; no es sórdido como algunos de los bares de Europa, ni tampoco hogareño como The Saints en Boston. Hay pista de baile y espectáculos de travestis; llegan intelectuales y artistas no sólo gay sino también heterosexuales, así como todo lo que puede haber en medio.

Una noche entre semana me asomo al Nueve; hay sólo unas cuantas mujeres. En la barra están sentadas dos mujeres mayores que me parecen simpáticas; tras observarlas un rato las abordo y les comento que acabo de llegar a México y que me gustaría conocer el ambiente. Con la hospitalidad y generosidad tan comunes en nuestro país me hacen un lugar, platican conmigo y de inmediato me ofrecen su amistad. Gracias a ellas, en las semanas siguientes conozco a algunos escritores y artistas homosexuales, así como el D'Val y otros bares de corte más popular. Me invitan a fiestas y a algunas reuniones de activistas gay, por ejemplo del grupo Lambda. De todos estos encuentros surgen amistades y algunas aventuras.

Conozco así a una escritora, hija de un gran cineasta mexicano, y a una directora de orquesta estadounidense. Con la primera inicio una relación efímera pero intensa. A través de ella conozco el medio precario e insolvente en el que viven muchos creadores: en su pequeño departamento dormimos en un colchón en el piso, y a veces hay que salir por agua al patio común; también me presenta a otros escritores y artistas que viven en circunstancias muy limitadas, sin jamás renunciar a sus aspiraciones creativas. Por primera vez descubro lo que es la bebida fuerte. Para mi asombro observo que hay personas que beben ron, brandy o tequila desde la mañana, junto con el café y el primer cigarro del día. Me veo involucrada en discusiones y dramas interminables nutridos por el alcohol durante noches enteras. Me adapto: bebo y fumo como todos, y me acostumbro a no acostarme hasta altas horas de la noche y luego ir a desayunar chilaquiles. Duermo fuera, manejo por toda la ciudad a todas horas. Mi juventud y mi condición física me permiten hacerlo sin demasiados estragos.

Una noche, a la hija del cineasta se le ocurre que a escondidas nos metamos toda la banda de amigos a la mansión desocupada de su padre, para que la directora de orquesta y yo podamos tocar música juntas. Dicho y hecho: paso a casa por mi flauta, nos saltamos todos desde mi coche a un árbol y luego a la barda, desde la cual ingresamos al jardín. Penetramos así, en la oscuridad y con velas y linternas, a un lugar maravilloso en el cual se suceden salones tapizados de cuadros de los mejores pintores de México. Descubrimos también una pequeña sala de conciertos con un piano Steinway que por milagro está afinado. Saco mi flauta y mis partituras, y la directora de orquesta y yo tocamos sonatas barrocas durante horas, con velas para alumbrarnos. Cuando comienza a amanecer y tras habernos deleitado con las excelentes botellas de vino de la cava, volvemos a saltarnos la barda para escaparnos antes de que nos detecten los vecinos o la policía; una noche inolvidable.

Ocho años después, en 1986, la directora de orquesta estadounidense visitará nuevamente México y conocerá, en la casa que comparto con mi compañera de vida, a una amiga mía que siempre ha sido heterosexual: en cuestión de días nacerá entre ellas una pasión de tal intensidad que, unos meses después, mi amiga se irá a vivir con ella a San Francisco. La relación durará poco, pero mi amiga seguirá viviendo en esa ciudad hasta el día de hoy y seguirá relacionándose con mujeres, habiéndose asumido como lesbiana tras ese primer amor homosexual nacido en mi casa.

Durante ese verano tengo otras experiencias intensas: a través del mismo grupo de amistades conozco a una joven catalana de visita en México, a quien me ligo para una aventura de una semana. Ha venido para conocer el país; la llevo a Teotihuacán y a otros lugares turísticos, pero en realidad nos pasamos gran parte de su estancia en mi cama en casa de mis padres, que están de viaje. De ese verano recuerdo también mucho movimiento, mucho alcohol, muchas conversaciones apasionadas. Mis nuevas amistades y yo nos reunimos casi diariamente en el departamento de unos y otros, transitamos por toda la ciudad, vamos a bares y taquerías, y nos acostamos a altas horas de la noche. A veces se caldean los ánimos, más que nada por el alcohol. Una vez, un reconocido académico me corre de su casa a las cuatro de la mañana, cuchillo en la mano, porque piensa (equivocadamente) que estoy intentando seducir a su compañero, quien lleva dos horas contándome sus problemas. Al día siguiente el académico me envía un enorme ramo de rosas para disculparse, pero decido nunca volver a tener contacto con él.

Poco después viajo a París para mi año académico en la Escuela Normal Superior. Salgo algunas veces con un buen amigo de unos 35 años que me atrae tanto física como intelectualmente, y que conoce perfectamente mi orientación sexual. Cuando me propone una aventura le respondo que me interesa más como amigo y que no quisiera perder la amistad. Me promete que eso no sucederá, y finalmente acepto ir a su departamento. Ya en la cama me propone que lo acaricie y haga el amor con él como si él fuera una mujer, en un juego erótico que resulta ser sumamente placentero para ambos. Y en efecto, seguiremos siendo buenos amigos hasta perdernos de vista algunos años más tarde. Pero lo recuerdo con cariño porque con él aprendí a jugar con los roles de género en la cama y a liberar mi imaginación erótica. Más tarde descubriré que muchas parejas, tanto hetero como homosexuales, exploran lúdicamente el intercambio de géneros en la cama. Por ejemplo, una mujer me explicará que su pareja masculina y ella suelen jugar a ser del otro sexo: él mujer y ella hombre. Y aprenderé que así sucede en muchas relaciones homosexuales, que juegan con los roles de género en una exploración erótica que va mucho más allá de los parámetros convencionales de la sexualidad.

Entre los ligues casuales de esa fase también hay uno bastante desagradable. Durante unos días en Londres, conozco en un bar gay a una mujer guapa y elegante de unos 40 años. Sentada sola en la barra, me mira con tanto interés que después de un rato me acerco a ella. Ya cerca de la medianoche me invita a su casa. Por curiosidad más que por otra cosa acepto y nos vamos en taxi. En su casa, en un barrio de clase alta, me ofrece una copa y luego otra, y luego otra. Cuando, harta de tanta conversación de cosas insignificantes, me le acerco para besarla, empieza a llorar y repite una y otra vez que es imposible, que no sabe qué está haciendo, que a pesar de desearlo desde hace mucho tiempo jamás ha estado con una mujer y que no puede… Me molesto, le digo que es muy tarde y que no he venido a esto. Mortificada, me pide disculpas y, sacando la cartera de su bolsa, ofrece pagarme una fuerte suma para "compensarme", lo cual me indigna aún más. Finalmente, casi al amanecer, acepto que me pague el taxi para regresar a la casa donde me estoy hospedando.

Cuando pienso ahora en todos estos experimentos —algunos enriquecedores y otros ingratos— me sorprende la desenvoltura con la que me lancé a aventuras que hubieran podido ser traumáticas o incluso peligrosas. Lo que me impulsaba era, ante todo, la curiosidad. No actuaba por rebeldía, porque ni mis padres ni nadie me prohibían nada; tampoco por algún deseo inconsciente de autodestrucción, porque siempre me protegí —de las drogas, por ejemplo— y siempre evité quedarme atrapada en situaciones turbias. Instintivamente guardé distancia, puse límites cada vez que la situación podía tornarse peligrosa. Creo que también me protegieron mi evidente inocencia y el creer siempre en la bondad de los demás: la gente que hubiera podido abusar de mi candidez, antes bien me quería y me cuidaba. No cabe duda de que el mundo de hace 40 años era mucho menos peligroso que el actual: si hoy tuviera 18 años no me atrevería a vivir muchas de las aventuras que ahora recuerdo con cierto asombro.

No puedo dejar de preguntarme: mi curiosidad erótica, mis deseos de experimentarlo todo, ¿tuvieron algo que ver con mi orientación sexual? De haber sido heterosexual, ¿hubiera tenido el mismo espíritu de aventura? Me es difícil decirlo. Creo que en parte sí, y en parte no. Sí, porque siempre, desde mi más temprana infancia y mucho antes de tener consciencia de mi homosexualidad, fui ávida de experiencias y conocimientos nuevos. No, porque de haber sido heterosexual probablemente no hubiera buscado tener aventuras con mujeres, ni hubiera sentido la necesidad de expandir mis horizontes en todos los sentidos. Dicho esto, tampoco creo que me hubiera satisfecho un matrimonio heterosexual convencional. El haber crecido en varios países y haberme dedicado al estudio de las humanidades y las ciencias sociales me habrían inculcado de todos modos el permanente cuestionamiento de las convenciones sociales que siempre ha regido, y espero que siga gobernando, mi vida intelectual y profesional.

Asimismo, me pregunto si mis primeras relaciones de pareja —con Anastasia, de un año y medio, o con Jenny, de cuatro años— hubieran durado más, de no haber sido por el rechazo, las prohibiciones y amenazas que ambas tuvieron que soportar por parte de sus respectivas familias. Pienso que no: fueron amores tempranos que de todos modos hubieran llegado a su fin por los estudios y, de mi lado, por irme a otros países. Creo que lo mismo hubiera sucedido de haber sido heterosexual. En una perspectiva imaginaria contrafactual, si Jenny hubiera sido hombre y yo heterosexual, ¿me habría casado con él, para seguir juntos después de nuestra graduación? ¿Hubiera yo renunciado a mis becas en la Escuela Normal y luego en Stanford, para seguir a mi marido en sus estudios o profesión? Con toda honestidad, no lo sé. Muchas mujeres igual de inteligentes y preparadas que yo han renunciado a sus aspiraciones académicas y profesionales por seguir a su esposo y mantener la unidad de su familia. Lo que sí me queda claro es que mi orientación sexual, en esta como en muchas áreas de la vida, me brindó una libertad de decisión y de movimiento poco común en las mujeres heterosexuales de mi generación.

No me cabe duda de que ser lesbiana tiene sus ventajas. Mencionaré dos. En primer lugar, observo que muchas de las mujeres heterosexuales profesionistas que conozco, de mi edad o mayores, están solas. Algunas esperaron que sus hijos crecieran para separarse y poder al fin dedicarse de tiempo completo a su profesión o negocio, o desarrollar actividades que les resultaban imposibles estando casadas. Por supuesto, esto se debe en gran parte al machismo en países como el nuestro, en el cual el matrimonio (con o sin hijos) es una tarea de tiempo completo. Cumplir con todas las expectativas de una sociedad machista —ocuparse del hogar, atender al marido y estar siempre disponible para él, criar a los hijos prácticamente solas (aparte de la ayuda doméstica, cuando la hay)— es una tarea gigantesca que pocas mujeres pueden sobrellevar si pretenden a la vez estudiar o trabajar de tiempo completo.

Cabe mencionar que la mayoría de las mujeres heterosexuales separadas que conozco no tiene la menor intención de volver a casarse. Tras un divorcio que han experimentado como una liberación, prefieren seguir solas. En muchos casos tienen parejas masculinas, pero no desean vivir de nuevo con un hombre, lo cual implicaría volver a estar siempre disponibles para él, "recoger detrás de él" y hacerse cargo de él en todos los sentidos, desde su salud hasta su vida emocional, familiar y social. Consideran que el precio —renunciar a su recién recuperada libertad— sería demasiado alto.

En segundo lugar, tampoco me parece coincidencia que algunas de las mujeres más destacadas en la vida pública de México sean lesbianas. Quiero ser muy clara: no es que las lesbianas sean más inteligentes o trabajadoras que las demás mujeres. No, de ninguna manera. Lo que sucede es que, en un país machista como el nuestro, son las que han tenido más tiempo y libertad para concentrarse en sus estudios y profesión de tiempo completo durante toda su vida adulta. Al no tener que dedicarse a marido e hijos por 20 años según los parámetros que siguen rigiendo el papel de la mujer en México, han podido concentrarse más en su profesión, trátese de la medicina, las leyes, el periodismo, las artes o la vida pública.

Las cosas son muy diferentes para las lesbianas, en todo caso en la actualidad. Claro, todavía y como siempre, podría uno preguntarse: el que una mujer se dedique de lleno a la relación de pareja, ¿no es lo propio de cualquier relación amorosa? ¿Acaso no sucede lo mismo en una pareja femenina que en una heterosexual? Me parece que no, o no de la misma manera. En mi propia experiencia y la de cientos de lesbianas que he conocido, cuando dos mujeres viven juntas suelen dividirse las tareas domésticas y ayudarse de manera más o menos equitativa; cuando una de ellas se enferma, la otra la cuida; y las dos tienen la misma libertad de estudiar o trabajar. Me refiero a las parejas lésbicas actuales, en las cuales ya casi no se observan los tradicionales roles de género según los cuales una es "masculina" y la otra "femenina".

En ese esquema, muy común en generaciones anteriores, había una clara distribución de roles según la cual una mujer era la proveedora y la otra el ama de casa, en una duplicación del matrimonio tradicional. Un buen ejemplo de ello fue el célebre caso de la escritora estadounidense Gertrude Stein (1874-1946), en el cual ella jugaba el papel de hombre, y Alice B. Toklas el de la mujer. Esta última no trabajaba fuera del hogar y su principal función era acompañar y apoyar a Stein y a todas horas servirle de secretaria, cuidadora y ama de casa. Este tipo de arreglo con sus tradicionales roles de género fue la norma durante mucho tiempo, tanto en las parejas homosexuales femeninas como masculinas.

Hoy es mucho menos común, sobre todo entre las parejas de mujeres, y esto por dos razones. Primero, en la gran mayoría de las parejas lésbicas las dos mujeres trabajan fuera del hogar, por gusto o bien por necesidad económica. No es usual que una mujer mantenga a la otra, y que ésta se dedique únicamente al hogar y a jugar el papel de asistente y anfitriona como lo hacía Toklas. Lo cual nos lleva a la segunda razón: el feminismo. Pocas mujeres hoy, sobre todo jóvenes, están dispuestas a limitarse a atender a su pareja —hombre o mujer— y al quehacer doméstico. Estos dos factores, entre otros, hacen que las parejas lésbicas sean no sólo más igualitarias, sino más libres de desarrollar sus proyectos personales y, en particular, de dedicarse al estudio y al trabajo. Y es por todo ello, en mi opinión, que ser lesbiana tiene sus ventajas en un país machista.

Una vez me tocó vislumbrar de primera mano cómo podría funcionar una relación lésbica al estilo antiguo. Tras la muerte de mi mamá en 1984, durante un año y medio viví sola en la Ciudad de México y tuve algunas aventuras, unas más importantes que otras. Entre ellas, una noche me ligué en El Nueve a una mujer muy *femme* y pasé la noche con ella en mi casa. Al despertar al día siguiente me sorprendió encontrarme sola en la cama: bajé a la cocina y ahí estaba Leticia levantando trastes y haciendo la limpieza. Cuando le pregunté en qué podía ayudarle, me dijo que de ninguna manera debía ocuparme de aquello. Me besó, me sirvió un café y me instó a ponerme cómoda en la sala y leer el periódico mientras ella preparaba el desayuno. Me pareció muy extraño ser atendida así, jamás me había sucedido, pero le di las gracias, tomé el café y revisé el periódico mientras ella seguía en la cocina. Después de unos minutos y para no quedarme sentada sin hacer nada le avisé que iba a subir a tender la cama. Me replicó que eso le tocaba a ella, y que no iba a permitirlo.

Encontrarme de pronto puesta en el papel de hombre tradicional —el que no levanta un dedo mientras la mujer se atarea a su alrededor— me incomodó mucho. Claro, me sentí mimada y hasta halagada, pero también limitada, encerrada en un rol ajeno a mí: por feminista, por ser una mujer profesionista e independiente, y por la costumbre ya muy arraigada de compartir el quehacer doméstico con mis parejas. Después de servirme el desayuno y lavar los trastes, Leticia se despidió mientras yo me disponía a escribir mi columna periodística para el día siguiente, dejándome su número de teléfono en un papel. Tuve una sensación de alivio cuando se fue, y nunca la busqué.

Curiosamente, algunas amigas heterosexuales me han comentado entre chiste y broma que les encantaría tener una esposa tradicional que las atendiera, les cocinara y se ocupara del hogar. Por mi parte, tras esa breve experiencia que tuve hace 34 años, puedo decir con toda certeza que no me gustaría en lo más mínimo... Sin embargo, sin dificultad alguna puedo entender que a muchos varones les fascinaría. Es más, he conocido muchos casos de hombres, incluso muy brillantes, que se han divorciado tras décadas de matrimonio para emparejarse con una mujer más joven y mucho menos preparada que su exesposa, justamente para tener una compañera dócil que los atienda, los cuide, les sirva de secretaria y esté siempre disponible sin objetarles ni exigirles nada a cambio, salvo el ser mantenidas. No cabe duda de que los roles de género tradicionales tienen sus ventajas —para los hombres.

Mi experiencia con Leticia me demostró que ciertamente no eran para mí. Tampoco los hubiera aceptado de haber sido heterosexual. Es por ello que la desaparición de ese esquema, justo cuando empecé a vivir en pareja, me convino perfectamente: tanto en ese como en muchos otros aspectos soy producto del feminismo y de la historia de la homosexualidad.

Los roles de género tradicionales empezaron a desaparecer en el mundo gay a finales de los setenta. En el caso de los hombres, surgió en Estados Unidos la

moda *clone*, que cultivaba una imagen hipermasculi-
na: cuerpo de gimnasio, bigote, ropa de obrero (mezclillas, playera apretada, chamarra de cuero, botas de
trabajador de la construcción). Era una afirmación
de la virilidad, que dio al traste con la imagen del hombre homosexual como un perdedor débil, tímido y
afeminado. En el caso de las mujeres, empezó a verse
menos la distinción entre el estilo *butch*, de apariencia masculina (mezclillas y camisas de leñador) y el de
la *femme* (hiperfemenina, con tacones, uñas pintadas
y maquillaje).

En paralelo a estos cambios, y gracias al feminismo,
empezó a desvanecerse la antigua distribución de
roles. Por mi parte, desde un principio siempre mantuve con mis parejas una división del trabajo regida no
por los roles de género sino por la disponibilidad, las
habilidades y los gustos de cada quien. Así, cuando viví
con mi siguiente pareja en París, de 1979 a 1984, ella
se ocupaba de las cuentas y el mantenimiento (tareas
"masculinas") puesto que el departamento era suyo,
mientras que yo me hacía cargo del súper y la cocina
porque sus horarios de trabajo no le permitían hacerlo.
En cambio, ella lavaba y planchaba la ropa, porque yo
nunca aprendí a hacerlo correctamente y es una tarea
que todavía, al día de hoy, me disgusta y me desespera.

A cambio de eso, yo limpiaba el baño. Y las dos sacu-
díamos y aspirábamos cada sábado. O sea, funcionába-
mos independientemente de los papeles tradicionales,
según el gusto y la disponibilidad de cada una.

Capítulo cinco

Amor y aceptación

Ingreso a la Escuela Normal Superior de París en septiembre de 1978, y tras un par de meses en casa de una amiga me mudo al dormitorio de mujeres de la escuela. Cuando conozco a Claire en enero de 1979, está preparando su examen de *agrégation** en letras clásicas. Se trata de uno de los exámenes más difíciles y prestigiosos de la academia francesa. La competencia es feroz, el ritmo de estudio intenso y el currículum vasto: en el caso de Claire, las literaturas francesa, griega y latina (en

---

* La *agrégation* es un concurso académico francés muy selectivo creado en 1766, abierto principalmente a los estudiantes de las Escuelas Normales Superiores que ya cuenten con una maestría. La preparación para el examen dura dos años, y los candidatos aceptados son reclutados para dar clases en los liceos o en las universidades públicas. Algunos ejemplos de *agrégés* han sido Marie Curie, Jean-Paul Sartre, Simone de Beauvoir, Michel Foucault, Simone Veil, Louis Althusser, Claude Lévi-Strauss, entre otros.

idioma original). Su padre es profesor universitario de latín y griego y le enseñó desde muy chica a desenvolverse en las dos lenguas antiguas, lo cual le da una gran ventaja sobre sus compañeros. Aun así, Claire tiene que estudiar 12 horas al día… mientras que yo, como estudiante de intercambio de Harvard, no tengo obligación alguna y quiero sobre todo explorar París y su inmensa riqueza cultural.

En los dormitorios, todas las alumnas, becadas por el Estado francés, tienen su propia habitación, aunque los sanitarios son compartidos; los cuartos sólo tienen un diminuto lavabo. Comemos en el refectorio a horas fijas, con menús dictados por los muy peculiares hábitos franceses: para el desayuno, un tazón de café con leche, baguette con mantequilla y mermelada de fresa o un trozo de chocolate macizo. Al mediodía, a cada mesa llega un platón de carne o pollo con papas, seguido por quesos y ensalada. Al centro siempre hay una canasta con baguette y dos garrafas: una de vino tinto y una de agua. De cenar, carnes frías y quesos, vino y agua o tazones de leche caliente, y otra montaña de baguette. Por lo general se toma el vino cortado con agua en los vasos minúsculos que suelen usar los franceses. Las estudiantes de clase media o media baja casi nunca salen a restaurantes; muy de vez en cuando, después de ir al cine o asistir a alguna conferencia en el Collège de France, cenan couscous o pizza en algún lugar económico del Barrio Latino.

Yo me encuentro feliz de la vida, salvo cuando tengo que lavar mi ropa en el lavabo de juguete de mi cuarto o en la única tina del dormitorio. Acudo con frecuencia a la biblioteca para sacar las obras de Balzac, Victor Hugo y Stendhal. Asisto a seminarios de literatura y a las clases de letras francesas de las candidatas a la *agrégation*. Ahí es donde conozco a Claire: conversamos, me invita al grupo de estudio que se reúne cada semana en su habitación. Me impacta su vasta cultura literaria e histórica, así como su compromiso político: sus padres son miembros del Partido Comunista y ella lee con devoción el diario comunista *L'humanité*. Me encanta su estilo típicamente francés: tiene poca ropa pero de buena calidad, y se viste y arregla con esa elegancia natural un tanto austera de las intelectuales parisinas. Habla un francés literario pausado, estructurado, sintácticamente complejo. Ha decorado su pequeña habitación con pósteres de esculturas griegas, y sobre las pantallas de las lámparas ha puesto pañuelos indios azules y morados que le dan al cuarto un ambiente acuático, íntimo y misterioso. Claire me intriga, me fascina escucharla y me parece bellísima. Sin embargo, no se me ocurre intentar seducirla: es evidente que está totalmente dedicada al estudio y que no estaría disponible para ninguna relación amorosa. Además, no he percibido ningún interés de su parte para tal eventualidad. Se trata de una buena y enriquecedora amistad intelectual, sin más.

Por mi parte, la introduzco a la literatura y al arte latinoamericanos. Descubre a García Márquez, Fuentes, Cortázar, Borges, quienes embonan perfectamente con su excentricidad intelectual. Lejos de ser una rata de biblioteca, Claire cultiva un espíritu libre e iconoclasta. Su larga familiaridad con los autores griegos y latinos le ha inculcado —además de su gran precisión gramatical— el rigor mental, la disciplina del estudio y el sentido crítico de una verdadera intelectual. No es casualidad que, al final del año académico, vaya a pasar su *agrégation* con altos honores y que hoy, tras una larga carrera universitaria y en el CNRS (Centro Nacional de Investigación Científica de Francia), sea considerada como una autoridad mundial en el campo de la papirología, el desciframiento y edición de textos griegos antiguos descubiertos en Egipto.

Una noche la invito a ver un documental sobre el México precolombino. Ella acepta con entusiasmo; cuando regresamos al dormitorio en el autobús, me toma la mano y acerca su cuerpo al mío. Unas noches después, asisto a algún evento cultural y, al regresar tarde a mi habitación, me encuentro con un papel pegado en la puerta: "No importa a qué hora llegues, ven a verme". Es la una de la mañana. Obedezco: toco suavemente en su puerta, y escucho que me invita a entrar. El cuarto está oscuro y le digo: "Oye, no veo nada". "No importa —me dice—, ven aquí." Me acerco a su cama y me recibe con un beso apasionado. Así inicia mi relación con Claire que durará cinco años, incluyendo un año en Stanford. Al iniciar ahí mis estudios de posgrado lograré que Claire pueda formarse en la misma universidad con una especialista en papirología, en un intercambio de Stanford con la Escuela Normal Superior.

Mientras tanto, vivimos en la Escuela Normal una relación idílica. Pasamos las noches juntas, yo leo y escribo mientras ella estudia, y de vez en cuando pasamos un fin de semana en casa de sus padres en Rouen, a una hora de París. Para sus padres, como para todos los franceses que conozco, soy un bicho raro: una mexicana alta, güera, de tez blanca que habla bien el francés… No entro en ninguno de los estereotipos que albergan los franceses acerca de México. Me reciben con gusto y una gran hospitalidad. Sospechan que entre nosotras existe una relación de pareja, porque nos han visto amanecer abrazadas cuando entran a despertarnos en la mañana. Claire les deja pensar lo que quieran, pero se niega a hacer el amor mientras estemos en su cuarto de infancia.

Nuestra pareja es aceptada por la pequeña comunidad de la escuela: estamos lejos de ser las únicas lesbianas en el ambiente femenino y un tanto conventual del dormitorio, entre mujeres que han dedicado su adolescencia y temprana juventud al estudio. Muchas de ellas ni siquiera han tenido novios, ni experiencia sexual alguna. Sin embargo, me sorprende la naturalidad con la cual Claire se compromete conmigo. Nuestra relación no parece causarle ningún problema, gracias a su forma de pensar iconoclasta y su familiaridad con el mundo de la Antigüedad clásica.

Cuando mis padres conocen a Claire durante nuestras vacaciones en México la aceptan de inmediato y sin reservas. Ambos intelectuales y francófilos, les impresiona su nivel académico y cultural, así como su interés por México. Claire quiere verlo todo, probarlo todo; se entusiasma por la comida, la literatura, la historia y las artes de México. Mis padres ya se han acostumbrado a la homosexualidad de su hija: después de todo, se trata de mi tercera pareja femenina, tras un año y medio con Anastasia y cuatro años con Jenny. Mi mamá ha dejado de cuestionar mi orientación, y mi papá está encantado de tener como interlocutora a una intelectual francesa con la cual puede hablar en su francés fluido aunque un poco acentuado. Además, la cosmovisión de

Claire un tanto arrogante coincide con la de mis padres: no conoce ni le interesa la cultura estadounidense, ni el arte contemporáneo, ni la música rock, ni los medios masivos... En una palabra, la consideran, por mucho, una mejor influencia que Jenny.

Sin embargo, al final de nuestras vacaciones en México empieza a vislumbrarse lo que será un problema muy serio entre nosotras. Sobresaliente en su pequeño universo académico parisino, fuera de su medio natural Claire se muestra tímida e insegura en la sociedad mexicana parrandera y locuaz; no habla el idioma y, a pesar de sus mejores esfuerzos, no logra integrarse a mi círculo de amistades siempre dispuestas a pasar noches enteras bebiendo y platicando.

La relación se deteriora poco a poco durante nuestra estancia en Stanford en 1979-1980. Compartimos casa con dos mujeres estadounidenses en Cupertino, a media hora del campus, al cual manejamos diariamente en coche. La situación que vivimos en París se ha invertido: ahora soy yo la que tiene que asistir a clases y estudiar, además de trabajar como asistente de curso varias horas por semana como lo requiere mi beca. Claire se encuentra sola gran parte del tiempo; su escaso dominio del inglés y su timidez la limitan socialmente, y el estilo de vida californiano, hedonista y deportista, le parece superficial y poco atractivo. Se vuelve cada vez más

119

dependiente de mí; por mi parte, me siento cada vez más responsable de ella y culpable de no poder pasar más tiempo en pareja. Casi al final del año académico me involucro con una compañera de curso y Claire con un amigo: hay escenas de celos, recriminaciones, y la relación se rompe. Pero no definitivamente: seguiremos en contacto y nos volveremos a juntar un año más tarde, cuando regresaré a vivir con ella en París hasta nuestra ruptura definitiva a finales de 1983. Tras varios años de distanciamiento, rescataremos al fin una buena amistad. Hoy mantenemos un contacto frecuente y la he visitado muchas veces en París donde sigue viviendo, casada con un danés, académico como ella, desde hace 25 años.

Puede resultar sorprendente que subsista una auténtica amistad tras la ruptura de una relación de pareja, como la que ha perdurado entre Jenny y yo o Claire y yo. Según lo que he podido observar, en México en todo caso, es poco común en las parejas heterosexuales que se separan. Lo usual parece ser que la gente deje de llevarse o incluso de hablarse a menos que hayan tenido hijos, lo cual les obliga a seguir en comunicación. Me he preguntado muchas veces por qué es así, cómo es posible que personas que compartieron décadas de su vida de pronto dejen de verse por completo y sólo guarden malos recuerdos el uno del otro. Entiendo que el resentimiento pueda borrar la memoria de los buenos tiempos; entiendo que cada quien desee dejar atrás lo que ahora percibe como una fase concluida de su vida. Sin embargo, que la amistad subsista es bastante común entre la gente gay, sobre todo en las mujeres. ¿Por qué entre los gays sí, y entre los heterosexuales no?

Me parece que la principal razón es el hecho mismo del matrimonio, con todas sus implicaciones legales y económicas. Cuando la gente se casa —posibilidad muy reciente para los homosexuales— y luego decide divorciarse, ello conlleva toda una serie de obligaciones dictadas por la ley, sobre todo si hay hijos. Casi siempre surgen pleitos acerca de la casa, el dinero, la custodia y mantenimiento de los hijos, la pensión alimenticia, etc. Cada uno de estos temas puede suscitar peleas a muerte, de manera muy legítima y comprensible. En cambio, las relaciones homosexuales no suelen incluir estos dilemas tan difíciles y dolorosos, porque generalmente no existen hijos y porque (todavía) pocas parejas homosexuales se casan según la ley, aun donde ya es posible hacerlo. Será muy interesante ver en los próximos años si la posibilidad del matrimonio, y por ende del divorcio, entre parejas homosexuales da lugar a los mismos problemas, sobre todo si han criado hijos.

Puedo suponer que sí, y que el divorcio entre personas homosexuales será tan doloroso y acre como entre los heterosexuales. Y quizá entonces resulte que muchos activistas gays tuvieron la razón, cuando empezó a debatirse el matrimonio entre personas del mismo sexo hace 20 años: objetaron que tal institución era obsoleta y no correspondía a las necesidades de la sociedad actual. Sostuvieron, entre otras cosas, que la mitad de los matrimonios hoy acaba en el divorcio, que la expectativa de vida ha llegado a los 80 años, que no es realista pensar que la gente quiera pasar 50 o 60 años con la misma pareja en un esquema monógamo y que la mayoría de las personas casadas sostiene o sostendrá relaciones extramaritales.

Es por ello que muchos pensadores, tanto homo como heterosexuales, conciben el futuro de la pareja ya no en términos del esquema tradicional de matrimonio y adulterio, sino como una serie consecutiva de relaciones correspondientes a las etapas de la vida: primero la fase juvenil, luego la de la adultez y procreación, y finalmente la de la edad madura, cuando los hijos han crecido y ya no son un factor para que la gente siga casada. Argumentan que el futuro está en las relaciones consecutivas, y ya no en el esquema tradicional del matrimonio que es para siempre y con una sola persona. En esta área como en muchas otras, los gays están a la vanguardia del cambio social. Desde hace 40 años han cuestionado el significado de la masculinidad y la feminidad, la composición de la familia, las definiciones de la amistad, el sexo y el amor, y todas las formas de relación familiares y de pareja.

Antes de que los homosexuales pudieran casarse, las parejas del mismo sexo se hacían y deshacían con relativa facilidad, por lo menos desde el punto de vista material; ésta era una de las formas de libertad que ofrecía la homosexualidad. Los hombres, sobre todo, solían tener gran cantidad de parejas o encuentros sexuales sin mayor compromiso. Las mujeres se involucraban más emocionalmente, pero en la medida en la que no tenían hijos también les era posible separarse sin demasiadas consecuencias. Todo ello explica que la amistad pudiera subsistir tras una separación. Creo que esto sigue siendo cierto en gran parte.

Para mí, los tempranos ochenta fueron los años de la "normalización" de mi homosexualidad. A la par de mis padres, me acostumbré a la idea de ser gay. Tras haber vivido en pareja durante varios años y mi plena integración social como lesbiana, el tema de mi orientación dejó de ser importante y pasó a ocupar un lugar secundario en mi vida. Dejé de cuestionarme y abandoné mis investigaciones y experimentos: ya no me interesaba probar otras opciones ni seguir estudiando el tema. Comencé a vivir mi homosexualidad como algo dado y natural, sin vergüenza alguna y sin sentir la menor necesidad de ocultarla, ni tampoco de anunciarla ni explicarla. Ya no me identificaba tanto como antes en función de mi orientación sexual. Me di cuenta de que era una persona compuesta por muchas partes, sólo una de las cuales —y no la más importante— era mi atracción hacia las mujeres. En una palabra, crecí.

Por lo mismo, y sin haberlo decidido de manera consciente, espontáneamente dejé de intentar conocer a gente gay y buscar espacios gay para encontrar a personas que me fueran afines por el solo hecho de ser homosexuales. Ya no necesitaba formar parte de alguna comunidad o asociación gay para sentirme comprendida o cobijada. La orientación sexual, tanto la mía como la de los demás, dejó de ser un criterio importante en mi forma de relacionarme con el mundo y se volvió un detalle casi irrelevante.

Desde entonces, casi todas mis amistades han sido heterosexuales, tanto hombres como mujeres, basándome en otros criterios: afinidad intelectual y política, simpatía espontánea, gustos e intereses compartidos. Esto ha tenido sus ventajas y desventajas. Por un lado, me ha permitido una mayor integración social. Por el otro, a veces me he sentido un tanto aislada, porque no comparto algunas de las experiencias de mis amigos heterosexuales, como puede ser tener hijos y nietos.

No me cabe la menor duda de que mi forma de vivir la homosexualidad y mi inserción social fueron excepcionales para alguien de mi generación. Fue determinante la aceptación de mis padres, pero también la que encontré en Estados Unidos, Francia y México. Ciertamente me tocaron medios extraordinariamente liberales y tolerantes, pero también creo que mi actitud franca y abierta contribuyó a que la gente de mi entorno me aceptara con más facilidad que si hubiera yo intentado esconder mi orientación.

Atípica en ciertos sentidos, la aceptación que viví estaba empezando a entrar en las costumbres durante mi temprana juventud. Al final de los años setenta y principios de los ochenta se hacía cada vez más patente un cambio en la percepción social de la homosexualidad, que ya había sido despenalizada en muchos países. En un paso muy importante para las profesiones de la salud mental, sin hablar de la gente gay, la American Psychiatric Association (APA) había tachado la homosexualidad de su lista de psicopatologías en 1973, dejando sólo el diagnóstico de la homosexualidad egodistónica, es decir, la que no fuera aceptada por la persona misma. La APA fue seguida por la American Psychological Association en 1975. En la misma época surgieron grupos de apoyo como PFLAG (Parents, Families and Friends of Lesbians and Gays) y asociaciones universitarias en Estados Unidos, así como muchas ONG nacionales e internacionales en pro de los derechos civiles de los homosexuales. En México, el Frente de Liberación Homosexual, una de las primeras asociaciones LGBT en América Latina, se había fundado en 1971, y la primera marcha del Orgullo gay había tenido lugar en 1979. En la mayoría de los países occidentales ya existían no sólo bares como antes, sino múltiples agrupamientos, periódicos y revistas, libros y películas, festivales de cine y música, directorios de profesionistas y comercios gay, agendas de eventos, hotlines y centros de ayuda para jóvenes.

Podríamos decir que la homosexualidad estaba al fin saliendo del clóset, aunque en el ámbito individual la gran mayoría de la gente seguía viviendo una doble vida: expresaba abiertamente su orientación entre sus amistades gays, pero no en su trabajo ni frente a su familia y la sociedad en general. Sin embargo, la tendencia era clara y podía suponerse que la aceptación social de la homosexualidad seguiría avanzando.

En eso llegó la catástrofe del sida.

Los primeros casos de lo que llegaría a llamarse durante un tiempo el "cáncer gay" surgieron en Nueva York y Los Ángeles en 1981. De pronto una gran cantidad de hombres gays empezaron a presentar neumonía y diversos cánceres, sobre todo el sarcoma de Kaposi. El diagnóstico significaba muerte segura tras una larga y dolorosa agonía. La cobertura en los medios, morbosa y sensacionalista, no tardó en señalar a los homosexuales, a pesar de que bastante pronto se supo que corrían el mismo riesgo los drogadictos, sexoservidores de ambos sexos y hemofílicos. Proliferaron las notas horrorizadas sobre los bares, *backrooms** y baños gay, sobre todo en San Francisco y Nueva York. Se detallaron ciertos actos sexuales entre hombres, aunque no fueran tan comunes ni generalizados como se pensó en aquel momento. Básicamente, los medios se dedicaron a fustigar la promiscuidad gay masculina en algunos entornos que no eran representativos de la población gay en general.

Lo que reportaban no era falso: en efecto, en los años setenta se habían multiplicado los espacios de ligue y de sexo casual o anónimo, así como el abuso de drogas, entre ciertos segmentos de la población gay masculina. El error fue deducir de ahí que todos los homosexuales eran intrínsecamente promiscuos, impulsivos e irresponsables. Como en épocas

* Espacios oscuros en bares y clubes gay en los cuales se pueden tener encuentros sexuales anónimos, casi siempre masculinos.

anteriores, cuando se pensaba que todos los homosexuales eran afeminados, enfermos o pederastas, ahora surgió la generalización de una promiscuidad específicamente homosexual. No se tomó en cuenta que los hombres heterosexuales eran igual de promiscuos cuando tenían la oportunidad de serlo, tras la revolución sexual… y que si no lo eran, era porque las mujeres no estaban tan dispuestas como ellos a tener múltiples encuentros sexuales. Por todo esto volvió a recrudecerse en la sociedad la homofobia de siempre.

También es cierto que, frente a la indiferencia y falta de apoyo de las autoridades, en algunos círculos los mismos homosexuales promovieron la idea de que cualquiera podía enfermarse de sida, contribuyendo así al clima de histeria. Exageraron al declarar que el riesgo era el mismo para las mujeres y los hombres heterosexuales que para los gays… lo cual no era estrictamente cierto. En parte se trató de una estrategia, probablemente necesaria, para llamar la atención de los gobiernos y obtener los apoyos para tratar a los enfermos, fomentar la investigación y buscar una cura o vacuna, porque muy pronto se dieron cuenta de que las autoridades no iban a movilizarse para luchar contra una enfermedad que sólo afectaba a los homosexuales. Ésta fue una de las muchas facetas polémicas en la historia del VIH que suscitó y sigue suscitando controversia.

La epidemia cobró miles de vidas, y robó a la cultura muchos de sus grandes talentos; en particular, las artes y la literatura serían hoy más ricas y diversas de no haber sido por la pérdida de casi una generación de creadores gay como Liberace, el fotógrafo Robert Mapplethorpe, el actor Anthony Perkins, el filósofo Michel Foucault, el bailarín clásico Rudolf Nureyev, Freddie Mercury del conjunto Queen, y muchos jóvenes creadores que no llegaron a cumplir su promesa artística o literaria. También reveló que la gran mayoría de los homosexuales seguía en el clóset y mantenía una doble vida. Paradójicamente, al tiempo que revivían los viejos estereotipos sobre la homosexualidad, se abrían perspectivas nuevas: por ejemplo, resultó que un ícono de la virilidad como el actor Rock Hudson, quien reveló que era seropositivo y murió en 1985, era gay. De pronto, el mundo descubrió que muchos hombres sobresalientes, exitosos y admirados, cuya heterosexualidad nunca se había cuestionado, eran en realidad homosexuales, cosa que a la larga, y a pesar de la tragedia del sida, sirvió para configurar una nueva visión de la homosexualidad. Apareció así una nueva imagen del hombre gay.

También como consecuencia directa de la crisis empezaron a realizarse estudios científicos fiables sobre la población homosexual. Se levantaron censos realizados por los mismos gays, cuadra por cuadra en los principales barrios gay; se diseñaron y aplicaron encuestas con muestras muy grandes y estadísticamente rigurosas sobre muchos aspectos de la vida homosexual, tanto en el ámbito individual como de pareja; aparecieron incontables crónicas de casos e historias personales, así como libros, películas y piezas de teatro. Todo ello contribuyó inmensamente al conocimiento actual de la homosexualidad.

Pero en los tempranos ochenta nada de esto se sabía aun, y todos los prejuicios tenían el campo libre para explayarse. Incluso en mi vida personal pude observar cómo se estaban generalizando los estereotipos del sida. Un día, al comienzo de la epidemia, mi mamá, sumamente alarmada, me advirtió que si seguía acostándome con mujeres estaba en peligro de contraer la enfermedad. De nada sirvió que yo le explicara que la población lésbica era precisamente la de menos riesgo, mucho menor que el de las mujeres heterosexuales. De hecho, como después se confirmaría en investigaciones en todo el mundo, y como ya comenté anteriormente, prácticamente no existe la transmisión sexual del VIH entre lesbianas, sencillamente por la naturaleza de sus prácticas sexuales. Pero eran tales el temor y el desconocimiento en esa época que toda la homosexualidad, tanto femenina como masculina, cayó bajo el mismo estigma. Muchos años después, en mi ejercicio como psicoterapeuta especializada en la homosexualidad, conocería a muchos hombres seropositivos o temerosos de serlo, y entendería mejor, 30 años más tarde, el terrible y duradero impacto del sida.

Capítulo seis

Estabilidad e integración social

Tras mi ruptura con Claire, regreso a México en diciembre de 1983. Mi madre acaba de ser diagnosticada con cáncer pancreático, del cual morirá en 11 meses. Me instalo en la casa familiar para estar con ella. Vivimos solas, con la ayuda invaluable de las dos trabajadoras domésticas que llevan años con la familia, y de enfermeras que la cuidan con devoción y cariño. Mi padre vive en Francia donde sigue como embajador de México, y mi hermano Andrés en Suecia, donde también es embajador. Mi hermano Jorge vive en la Ciudad de México con su pareja, pero diariamente pasa varias horas en la casa familiar, y compartimos la tarea de llevar a mi mamá al médico o al hospital cada vez que hace falta.

Empiezo a escribir profesionalmente, con una columna semanal en el diario *The Mexico City News*, y sigo estudiando la flauta y tocando música de cámara. A pesar de ello, el año 1984 es terriblemente difícil y doloroso. Me encuentro muy sola: tengo pocas amistades tras haber vivido muchos años en el extranjero, y vuelvo a acudir a los encuentros eróticos casuales. Empiezo un psicoanálisis, con una terapeuta a la cual veo tres veces por semana en diván, y que seguiré viendo ocasionalmente durante muchos años. El psiquiatra al que conocí años antes resulta ser un apoyo importante no sólo para mí sino para mi madre enferma, mi hermano Jorge y nuestro padre, que viaja a México desde París cada vez que puede. Aun así, y a pesar de todos nuestros esfuerzos, mi madre muere a finales de 1984.

De pronto me encuentro completamente sola. Mi padre y Andrés siguen en París y Estocolmo, respectivamente; Jorge ha retomado su vida normal con su pareja. Alquilo una pequeña casa en Coyoacán; con la herencia que he recibido me compro un coche. El duelo por mi madre dura un año y medio. Sigo trabajando, ahora como jefa de redacción del diario además de columnista y editorialista. Los horarios, de las 11 de la mañana hasta la medianoche, me mantienen ocupada; poco a poco, junto con la terapia, me ayudan a salir de la depresión. Tengo algunas aventuras que me ayudan a sobrepasar la soledad. Establezco una relación de unos meses con una mujer mayor que yo, quien generosamente me brinda afecto y cuidado.

En marzo de 1986 conozco a través de una amiga mutua a Patricia, quien será mi compañera de vida. A ella le interesa tomar clases de flauta, y propone darme a cambio sesiones de shiatsu o acupresión, siendo ella profesional formada en ese tipo de terapia. Resulta ser sensible, cálida y generosa, con una inteligencia viva y un gran sentido del humor. Como todos los irlandeses, tiene un gran don de la palabra: en sus narrativas introduce suspenso, chistes y reflexiones agudas. Reproduce cualquier acento del mundo: de pronto imita a Edith Piaf, o se pone a hablar con acento californiano, chino o escocés. Me hace reír hasta las lágrimas. De origen obrero irlandés, es rebelde, valiente y ferozmente independiente. Además, ha tenido una vida apasionante: tras haber pasado su infancia en Irlanda e Inglaterra, los últimos 10 años ha vivido en Grecia, España y California; ha pasado un año en Israel, como voluntaria en un kibbutz; ha viajado por Centroamérica de aventón, aprendiendo español con un diccionario de bolsillo. Cuando llega a México se instala en una palapa en Playa del Carmen, que todavía es un pueblo de pescadores.

Ahí conoce a un joven médico que está haciendo su servicio social, y forma con él una relación de pareja que la llevará a La Paz y luego a la Ciudad de México. Cuando nos conocemos lleva cinco años con él, y la relación está en dificultades. Doy por hecho que Patricia es heterosexual, y además lo parece: su forma de vestir y arreglarse es muy femenina, con todo y que su carácter es enérgico y arrojado. Empezamos a vernos con frecuencia, y pasamos tardes y noches enteras platicando de nuestra vida. Sus experiencias me parecen fascinantes; a ella le intrigan y le atraen mi intelecto y mi formación literaria y musical. Sin embargo, no la concibo con una posible pareja, sino como una muy divertida amistad.

Todo cambia una noche cuando, tras varias horas de conversación en su casa, siento por su mirada y su lenguaje corporal que está intentando seducirme, pero sin expresarlo abiertamente. Espero para ver qué sucede. Pasan las horas. Por fin le digo: "Ya me voy. Veo que quieres besarme pero no te atreves a hacerlo, y ya va a amanecer". En respuesta, Patricia, que nunca ha podido resistir un desafío, me planta un beso apasionado en la boca.

Semanas después hacemos el amor por primera vez. Se separa de su compañero y, tres meses más tarde, la invito a vivir conmigo en la casa que he comprado en Coyoacán. Así empieza una relación que, hasta el día de hoy, ha durado 33 años. En ese momento yo tengo 30 años y ella 28. Es la primera vez que vivo en casa propia, con todo lo que ello implica: decisiones, pagos, decoración y mantenimiento. Mis relaciones anteriores habían transcurrido en casa de mis padres, en dormitorios universitarios o en la casa de Claire en París, que ella había puesto y decorado a su gusto y en la cual viví sin más responsabilidades que mi parte del quehacer doméstico.

La cosa es muy diferente en Coyoacán. Al principio, como es mi propiedad, me atribuyo todas las decisiones acerca de la instalación, la decoración, los muebles, mi estudio… Poco a poco Patricia va tomando su lugar y, más que dar su opinión, empieza a participar en el funcionamiento de la casa en igualdad de derechos, a lo que me opongo en un principio pero que pronto acepto como sistema de vida. Afortunadamente tenemos gustos muy similares y surgen muy pocos desacuerdos sobre la vida en común. Además, las dos trabajamos a la par y tenemos un ingreso similar. Lo compartimos todo: vamos al mercado, cocinamos juntas, lavamos el coche y bañamos al perro, limpiamos la casa, y todavía encontramos el tiempo para tener una vida sexual intensa.

Esto no significa que no tengamos problemas por ser una pareja lésbica. Es la primera vez que vivo con una mujer en México, y en el caso de Patricia es la primera vez que tiene una relación homosexual. Pierde a varias de sus amistades anteriores, cuando éstas se enteran de que ha dejado a su compañero y que ahora vive con una mujer. Otras lo aceptan, pero no entienden cómo ha podido enamorarse de alguien del mismo sexo. Escépticas, cuestionan su repentino cambio de orientación, le ruegan no precipitarse ni comprometerse conmigo y le lanzan advertencias sobre lo inestable y malsano que suelen ser las relaciones homosexuales. Algunos amigos varones, cuando se enteran de que ahora está con una mujer, intentan seducirla.

Presentarnos como pareja es problemático en muchos aspectos. Algunos amigos varones proponen un *ménage à trois* u ofrecen sus servicios para que aprendamos lo que es el verdadero sexo, o cómo es un "verdadero hombre". Una señora mayor, muy amiga de mis padres durante 50 años, con frecuencia me invita a su casa pero —aunque ya conoce a Patricia y la quiere bien— sistemáticamente me invita sola, aun cuando las demás personas son invitadas con sus parejas. Después de varias ocasiones en las cuales sucede lo mismo decido ya no ir, esperando que ella entienda, por sí misma, que ahora vivo con alguien y que no seguiré yendo a sus cenas si Patricia no es incluida en la invitación. No puedo imaginar que ella, culta, progresista, cosmopolita, esté cerrando sus puertas a mi compañera; por su parte, como lo sabré después, ella no comprende por qué he dejado de ir a su casa.

Un día me llama para preguntármelo. Cuando le expreso mi reticencia, mi decisión de ya no aceptar sus invitaciones sola, reacciona con estupor. Me asegura que quiere mucho a Patricia y que de ninguna manera ha querido excluirla ni ofendernos. Sencillamente, me explica, no estaba segura de si yo deseaba que se supiera que vivo con una mujer, ni si Patricia estaba lista para ser presentada públicamente como mi compañera. Por fin entiendo que esta gran amiga, siempre atenta y generosa, nos estaba protegiendo según sus parámetros sociales que son los de la elite política e intelectual de México. Pero también entiendo que en el fondo no sabe qué hacer, socialmente hablando, con una pareja lésbica. ¿Se le debe invitar en tanto pareja? ¿Se debe incluir a la compañera, o es mejor omitirla y atenerse a la discreción habitual en estos casos? ¿Se debe mencionar el tema, o sería de mal gusto? Y si se rompe el tabú, ¿cómo presentar a la pareja? ¿Como amiga, o quizá *roommate*? Finalmente, ¿cómo manejar la homosexualidad de la hija de una familia pública como la mía, sin dañar mi reputación ni la de mis hermanos o padre? Hoy, todas estas preguntas pueden parecer superfluas e incluso absurdas, pero hace 30 años, a mediados de los años ochenta, las respuestas no eran tan evidentes.

Del lado opuesto del dilema de la discreción, está el problema de las amistades que, con la mejor voluntad del mundo, nos exhiben. Por ejemplo, nos enteramos de que una amiga cercana habla de nosotras, con cierto orgullo, como sus "amiguitas gay". Y entendemos que es su manera de integrarnos como pareja homosexual a su círculo social, a la vez que proyecta de sí misma una imagen de tolerancia y apertura. Pero nos disgusta que hable así de nosotras con gente que no conocemos, sin habernos consultado al respecto. Las dos sentimos que nos corresponde a nosotras, y a nadie más, decidir con quién, cuándo y cómo hacer pública nuestra situación. Cuando se lo reclamamos, nos explica que en realidad nunca pensó que el mencionarlo pudiera afectarnos, ni que nos importara dado que vivimos juntas abiertamente.

Después de una larga conversación entiende que, aunque nuestra relación ya sea ampliamente conocida, nos molesta que se refiera a nosotras como una pareja homosexual en el mismo tono indulgente que usa al hablar de su estilista gay, "tan lindo" o "tan tierno", calificativos que jamás usaría a propósito de un hombre heterosexual. Hay algo condescendiente en su forma de expresarse acerca de nosotras que no vendría al caso si estuviera hablando de una pareja heterosexual. A pesar de su obvio cariño y buena voluntad, sentimos que nos ve como a un par de mascotas a las que hay que apoyar o incluso "adoptar".

Es difícil precisar las razones de nuestra molestia: aun estando fuera del clóset en México, aun viviendo abiertamente como pareja, nos disgusta ser catalogadas en esos términos. En el reino del chisme, ya no somos vistas como las mujeres adultas, profesionistas exitosas e independientes que somos, sino como "la parejita gay". Nos damos cuenta poco a poco de que estar fuera de un clóset nos ha encerrado en otro: el de los estereotipos. Por primera vez vivo algo que no había conocido en Estados Unidos ni en Francia: el machismo, tanto en las mujeres como en los hombres. Respecto de las lesbianas tiene muchas facetas, y principalmente ésta: verlas como menores de edad dado que no están casadas ni tienen hijos, atributos requeridos para ser consideradas mujeres plenamente adultas.

Otra faceta, respecto de las parejas homosexuales en general, es como niños que juegan a la casita, como si estuvieran imitando a los heterosexuales, quienes sí tienen un auténtico matrimonio y una verdadera casa. Lo mismo se refleja en la detestable descripción de la homosexualidad como un "estilo de vida", o sea, no una vida adulta real, con todas sus obligaciones y responsabilidades, sino un mero facsímil. Patricia y yo lo observamos muchas veces cuando, una vez montado nuestro hogar, invitamos a amigos o familiares heterosexuales. Es muy sutil, pero no podemos dejar de sentir su sorpresa al vernos instaladas en una casa tan bien ordenada, y tan capaces de organizar reuniones y cenas como

cualquiera de ellos. Por supuesto, suelen dar por sentado que una de nosotras juega el papel de hombre (yo), y
la otra de mujer (Patricia), y que es ella quien se encar-
ga de la cocina y las tareas domésticas, aunque las dos
participemos en ellas por igual. Felicitan a Patricia por
la comida, la decoración y la hospitalidad, mientras que
yo soy implícitamente relegada al papel de hombre inep-
to para las tareas domésticas.

En los años ochenta todavía subsisten muchas de
estas actitudes más o menos explícitas por parte de heterosexuales, que por lo demás son abiertos y tolerantes.
Algunos, como la amiga de mi madre, sencillamente no
saben cómo tratar a parejas gay. Otros dudan de que
nuestra relación pueda durar. Otros corren con el chisme, y otros nos dicen que van a adoptarnos para que no
estemos "solas". Casi nadie toma nuestra relación con
naturalidad; a veces tenemos que explicar o aclarar cosas
que serían evidentes si fuéramos una pareja heterosexual.

Pero quizá el problema más molesto que enfren-
tamos Patricia y yo en nuestra convivencia es el machismo. La ausencia de un hombre en la casa se hace patente
en muchos aspectos de la vida cotidiana. Los trabajado-
res que contratamos para pintar o realizar reparaciones
no hacen caso de nuestras indicaciones y sistemáticamente intentan tomarnos el pelo. Hacen mal el trabajo,
se retrasan y nos dan excusas de tipo personal ("es que

mi mamá se enfermó"), nos piden adelantos excesivos y nos cobran de más.

También vivimos episodios chuscos. Un día llamamos a un plomero para reparar una fuga que he localizado en un codo del tubo que alimenta el tanque del escusado. A los 10 minutos me avisa que ya terminó, que todo está listo. Al asomarme, veo que en efecto ya no hay agua en el piso. Me agacho para ver cómo quedó el tubo y… me encuentro con una masa de papel de baño enrollado alrededor del tubo para detener la fuga durante unos minutos, el tiempo suficiente para cobrarnos y despedirse. El supuesto plomero seguramente pensó que, siendo mujeres, no inspeccionaríamos el trabajo de cerca.

Lo mismo nos sucede con mecánicos de auto, electricistas y carpinteros, técnicos de computación, vendedores de seguros, valet parkings… Nos hablan como si fuéramos retrasadas mentales, e intentan cobrarnos de más. También en el área social, movernos por la vida sin hombre a la vista resulta sorprendente para algunos. Cuando salimos a restaurantes, nunca falta algún mesero solícito que nos pregunte: "¿Por qué tan solitas?", sencillamente porque no venimos acompañadas de un varón.

Por todo ello nos acostumbramos a realizar por nuestra cuenta algunas de las tareas usualmente consideradas como "masculinas" en una sociedad machista. Pintamos muros y barnizamos mesas, compramos un taladro y una caja de herramientas y aprendimos a hacer pequeños trabajos de plomería, a cambiar cables eléctricos, sockets y fusibles, a instalar lámparas de techo y colgar cuadros. Nos encargamos de verificar nosotras mismas los niveles del coche; un día, cuando amanece ponchada una llanta, estudiamos el instructivo y la cambiamos sin necesidad de ayuda, aunque muertas de miedo de que se nos colapse el gato.

Como ejemplo de consecuencias inesperadas, nos damos cuenta de que hemos caído sin querer en un estereotipo más acerca de la homosexualidad. Nos enteramos de que algunas personas nos consideran marimachas, mujeres masculinizadas, sólo porque sabemos realizar tareas "de hombre", y lo relacionan con el hecho de que seamos lesbianas. En efecto, en esta perspectiva las lesbianas son en realidad hombres fallidos, o bien mujeres que quisieran ser hombres. De tal manera que nuestra forma de vivir independiente de la ayuda masculina les parece inherente a nuestra homosexualidad. Aclaro que nadie nos critica por ello; al contrario, nuestras amigas heterosexuales nos felicitan por poder hacer cosas que ellas no sabrían realizar. Creo que hoy no sucedería lo mismo, porque muchas mujeres jóvenes aprenden desde chicas a realizar un buen número de las tareas que hace 30 años eran "cosa de hombres". Y muchas mujeres de nuestra edad, al encontrarse solas tras un divorcio o la muerte de su marido, también se han acostumbrado a desenvolverse sin ayuda masculina.

Por cierto, lo mismo suele sucederles a muchos hombres gays, aun hoy, en una mezcla especialmente tóxica de machismo y homofobia: mucha gente los tilda de "afeminados" sencillamente porque van al mercado y saben cocinar, lavar trastes, planchar, tender la cama o hacer el aseo, tareas vistas, sobre todo en aquella época, como responsabilidad exclusiva de las mujeres. Sin embargo, como en el caso de las lesbianas, la explicación es perfectamente lógica: por necesidad han tenido que aprender habilidades consideradas "femeninas" (para no decir "mujeriles") al no tener a una mujer en casa. Con esta salvedad, muchos hombres gay sencillamente contratan a mujeres que les cocinen, laven, planchen, limpien y aspiren, sin tener que hacerlo ellos mismos. No es el caso de las lesbianas, para quienes no existe el equivalente masculino, o sea, un mozo/pintor/electricista/plomero/mecánico/carpintero que se encargue de todo.

Estos detalles de la vida cotidiana, que pueden parecer insignificantes, nos muestran cómo se articulan y alimentan los estereotipos acerca de la homosexualidad. En una sociedad machista como la nuestra, las lesbianas son mujeres "masculinizadas", porque hacen "cosas de hombres"; los hombres gays son "afeminados" porque hacen "cosas de mujeres" o, aún peor, "de viejas". En los dos casos es falso: no se trata de una identidad de género ni tampoco de la orientación sexual, sino de una necesidad práctica. La prueba es que muchas mujeres heterosexuales que viven solas han tenido que hacer lo mismo, y que los hombres gays que tienen servicio doméstico (léase mujeres) no suelen adoptar por gusto los hábitos domésticos considerados como "femeninos", salvo quizá la cocina. Sin embargo, los estereotipos perduran en la mente de muchos heterosexuales, aun los más abiertos y progresistas.

Entretanto, Patricia y yo seguimos construyendo nuestra vida doméstica. Somos tan felices que nos importa poco lo que opinen los demás, pero en realidad somos ampliamente aceptadas en cuanto pareja. Nuestra complementaridad es evidente para todos: Patricia es la más sociable y extrovertida, yo la más "intelectual" e introvertida. Ella aprende a apreciar la música clásica, yo la música rock; ella empieza a leer literatura "seria", yo a cocinar; ella hace yoga, yo juego squash. Cuando la conozco, es totalmente vegetariana: al poco tiempo come pollo y pescado, y yo aprendo a apreciar las legumbres. Desde un principio, ya que las dos tenemos alrededor de 30 años, nos parece evidente que cada una tiene su propio pasado, amigos y familia: aparte de las amistades comunes que vamos haciendo poco a poco, ella de vez en cuando ve sola a sus amigos y yo a los míos; una vez al año ella viaja a Inglaterra para visitar a su familia, y yo a Francia para ver a mis amistades. Practicamos la independencia en la que siempre hemos vivido y la plena libertad de hacer lo que queramos. Aparte de los gastos de la casa, que son compartidos en una base de igualdad, cada una maneja sus ingresos como quiera.

En cuanto empieza nuestra relación de pareja, le escribo una carta a mi padre en París en la cual le describo a Patricia en términos luminosos y le anuncio nuestra decisión de vivir juntas. Poco después, cuando viaja a México, conoce a Patricia y la adopta como nuera sin reserva alguna. La abraza y le dice desde un principio: "Tú has hecho feliz a mi hija, y por eso te quiero". Por su parte, Patricia lo trata con respeto y cariño. Lo apapacha, le da masajitos, le prepara sus drinks y a veces lo confronta acerca de sus ideas machistas, lo cual le encanta. Por ejemplo, cuando hablamos de una película que hemos visto juntos en la cual hubo una violación, mi padre asevera que no existe tal cosa porque, fisiológicamente hablando, cualquier mujer lubrica y acepta con placer la penetración… idea errónea que data de su formación como abogado 50 años antes y a la cual se aferra con obstinación, argumentando que las leyes habrán evolucionado, pero "la anatomía no cambia".

A pesar de su innegable machismo, mi padre resulta ser ejemplar en su aceptación de nuestra pareja: aprueba que Patricia sea mi heredera cuando hago mi testamento, y le parece normal que nuestra segunda vivienda en Coyoacán, unos años más tarde, sea puesta a nombre de las dos. Asimismo, mi abuela paterna de 90 años le da la bienvenida a Patricia y le pide informar a sus padres en Inglaterra que ahora también tiene una familia en México. Y mis dos tías paternas no sólo aceptan a Patricia, sino que la quieren y siempre la invitan. Por su parte mis hermanos, sin nunca hacerme pregunta alguna ni hablar de ello, asimilan la realidad de nuestra relación, aparentemente sin problema.

Las cosas resultan ser más complicadas para la familia de Patricia, irlandeses católicos aunque lleven décadas viviendo en Inglaterra. Cuando una de sus dos hermanas decide visitar a Patricia en México después de un año de convivencia junto con una amiga, Patricia y yo nos preguntamos si debemos o no informarle de nuestra situación antes de que venga. Patricia preferiría no hacerlo, pero yo argumento que Lorraine tiene el derecho de saberlo antes de viajar por si, ya enterada, prefiere abstenerse. Por fin Patricia opta por decirle la verdad por teléfono, y la reacción es la predecible:

su hermana primero no entiende de qué se trata y luego, estupefacta, la bombardea de preguntas: ¿Desde cuándo? ¿Cómo es posible? ¿Quién es esa mujer? ¿Estás segura? ¿Quién más lo sabe? Después de una penosa discusión puntuada de largos silencios, le dice a Patricia que lo va a pensar. Al día siguiente le llama y confiesa que todavía está en shock, pero que sí va a venir. Lo ha hablado con Susan, su otra hermana, que también está muy sorprendida y preocupada; sin embargo, las dos consideran que es importante que Lorraine venga. Desde el momento de su llegada, a pesar del nerviosismo de todas, nos entendemos de maravilla. Patricia y yo recibimos a Lorraine y a su amiga espléndidamente, las paseamos, ella y su amiga viajan por México y les fascina nuestro país. Su estancia es todo un éxito y Lorraine, varios años menor que Patricia, acepta de buen corazón nuestra relación. Lo único que le pide a su hermana, antes de partir de regreso a Inglaterra, es que nunca le vaya a decir nada a sus padres, quienes se morirían en ese mismo instante. Patricia obedece.

En los años siguientes yo la acompaño varias veces a visitar a su familia en Inglaterra. Sus padres me reciben bien, les parece normal que Patricia, todavía soltera, tenga una *roommate* mexicana; les complacen mis atenciones con ellos y les divierten mis descripciones un tanto exóticas (para ellos) de la vida en México.

A su vez, vienen a visitarnos dos o tres veces, viajan dentro del país, y nosotras seguimos dándoles a entender que somos buenas compañeras que viven y trabajan juntas por conveniencia (Patricia en la acupuntura y yo en la psicoterapia), dándoles siempre el cuarto de visitas que supuestamente es el de Patricia.

Las cosas se echan a perder cuando, tras ocho años de convivencia y al final de una visita de sus padres, Patricia decide decirle la verdad a su madre porque le parece deshonesto seguirla ocultando. Afortunadamente yo no estoy presente. La mamá de Patricia declara que ya lo sospechaba, sin otro comentario, y Patricia le ruega no decirle nada a su padre. Pero ya en el aeropuerto, antes de partir de regreso a Inglaterra, la mamá, muy agitada, se lo anuncia. La primera reacción del padre de Patricia es preguntarle, molesto: "¿Quién más lo sabe?"; le reclama ser el último en saberlo y le reprocha hacerlo quedar como idiota. Luego le pregunta si ha estado con algún hombre, qué sucedió con su anterior pareja masculina, y cuánto tiempo lleva esta situación. Cuando Patricia le responde que llevamos ocho años se queda atónito: no entiende, pide calma, ya es hora de abordar. Sólo al último momento, antes de despedirse y pasar la inspección de seguridad, abraza a Patricia y le dice en voz baja: "Tú siempre seguirás siendo mi hija".

Las consecuencias vendrán más tarde. Los padres de Patricia le prohibirán llevarme de nuevo a su casa, y jamás volverán a México. No seré invitada a la boda del hermano de Patricia. Unos años después, a insistencia de Patricia, volveré a Inglaterra un par de veces... pero sus padres me recibirán de una manera fría, reticente y poco hospitalaria. Todo ello tendrá sus consecuencias: la enorme tristeza de Patricia, aunque entienda que sus padres no podían de manera alguna aceptar su homosexualidad. Afortunadamente siempre tendrá en México todo el apoyo y simpatía de mi familia. Su padre morirá en 2004 y su madre en 2008, sin haber aceptado plenamente su situación de vida: rehusándose a hablar del tema, y respondiendo con largos silencios cada vez que Patricia me menciona.

No podría ser mayor el contraste con lo que vemos en San Francisco cuando pasamos ahí un par de semanas, en 1988. La amiga que nos hospeda se ha enamorado por primera vez, a los 30 años, de una mujer, como lo relaté arriba, y ahora vive con ella. Sus amistades, hombres y mujeres, son gays. En su trabajo casi todos son gays. La mayoría de sus vecinos son gays. Los cafés y restaurantes que frecuenta son gays. Tiene un directorio profesional gay, para cuando necesite un electricista o un plomero gay. Todo ello nos causa mucha sorpresa, y sentimientos encontrados.

Por un lado tenemos la impresión, un poco desconcertante, de que los habitantes del distrito Castro viven en una especie de gueto, aunque sea muy diferente de los guetos históricos, dado que se ha constituido libremente y por voluntad propia. Aun así, no deja de extrañarnos ese pequeño universo prácticamente autosuficiente, compuesto en su mayoría por gente gay. Por otro lado, nos encanta el espíritu de solidaridad y de convivencia casi festiva que se respira en todo el barrio. Las casas, los cafés, los comercios ostentan banderas arcoíris; las parejas andan por la calle abrazadas o tomadas de la mano; predomina un ambiente alegre y amigable en el cual todos se conocen y se saludan. Patricia y yo jamás nos hemos tomado de la mano en público, y en un inicio nos da pena hacerlo, pero después de un par de días nos desinhibimos y hasta nos atrevemos a darnos un beso en plena calle. Por primera vez en nuestra vida nos sentimos en casa.

Esta sensación de libertad y de pertenencia llega a su culminación el día de la marcha del Orgullo gay. Desde temprano nos apostamos en Market Street, entre cientos de personas equipadas de banderas y pancartas; compramos playeras, insignias y sombreros inscritos con el arcoíris. El ambiente es entusiasta y juvenil, aunque mucha gente es de nuestra edad o mayor; la gente corea consignas, bromea y baila. Crece la expectativa. El barrio entero está atiborrado pero impera la disciplina: nadie intenta saltarse las barreras de seguridad ni hay desorden alguno.

A las 10:30, escuchamos a lo lejos un estruendo tremendo, seguido de aclamaciones y aplausos: han arrancado las famosas Dykes on Bikes, las lesbianas en moto que tradicionalmente abren el desfile. Cuando se acercan, vemos a decenas de mujeres montadas en motos enormes, vestidas de cuero o disfraces y emblemas gays; algunas llevan detrás a sus parejas, otras a sus mascotas con chalecos y adornos gays. El clamor del público, junto con el rugido de las motos, es ensordecedor. Desfilan luego docenas y docenas de contingentes, cada uno celebrado con gritos y aplausos: los carros festivos con *drag queens*, los policías y bomberos, los deportistas, los maestros, los representantes de las autoridades municipales y de las asociaciones civiles, los empleados de empresas, los médicos y abogados...

El que más porras arranca es el contingente del PFLAG (Parents, Families and Friends of Lesbians and Gays), compuesto de padres y familiares heterosexuales que manifiestan así su apoyo a sus hijos y amigos gays. Patricia, así como mucha gente a nuestro alrededor, no puede dejar de llorar de la emoción. El desfile tarda horas en pasar: después nos enteraremos de que participó en él más de un cuarto de millón de personas. A las cinco de la tarde, roncas y felices, nos retiramos; no así los más jóvenes que seguirán en la fiesta, cantando y bailando en las calles toda la noche. Días después regresamos a México con la sensación un tanto ambivalente de haber estado en un país lejano y extraño: el futuro.

En la última década del siglo XX empezaron a concretarse los logros del movimiento de liberación gay iniciado 30 años antes, y modelado en parte sobre las estrategias del feminismo y de la lucha de los afroamericanos en Estados Unidos. Gracias a los esfuerzos incesantes de activistas y legisladores gays, asociaciones civiles y organizaciones no gubernamentales, la lucha por los derechos igualitarios comenzó a rendir sus frutos. En muchos países occidentales surgieron iniciativas de ley no sólo para proteger de la discriminación a la pequeña minoría de los gays, sino para extender sus derechos hasta que alcanzaran los de la sociedad en su conjunto. Vale la pena recordar la célebre fórmula de Hillary Clinton en la primera gran conferencia de Naciones Unidas sobre la situación de la mujer en Pekín, en 1995: "Los derechos de la mujer son derechos humanos, y los derechos humanos son derechos de la mujer". La misma idea fue retomada por el movimiento gay, en el sentido de que los derechos de los homosexuales no podían disociarse de los derechos humanos en su totalidad.

Entretanto, había evolucionado el concepto de minoría, en el sentido de enfatizar su aspecto cualitativo por encima del cuantitativo: lo que caracteriza a una minoría es más su condición que sus números. Así, por ejemplo, se reconoció que las mujeres en un mundo machista son una minoría, aunque en cantidad rebasen el 50%. Por todo ello, dejaron de ser relevantes las cifras acerca de la cantidad de homosexuales en una sociedad: ya no importaba que fueran 10% o sólo 3%, o sólo cinco personas, todos debían tener los mismos derechos jurídicos, civiles y económicos y las mismas protecciones bajo la ley que los heterosexuales. Fue así como a partir de los años noventa ciudades, estados, regiones y finalmente países aprobaron leyes contra la discriminación, luego a favor de la unión civil y después el matrimonio, incluyendo el derecho a la adopción.

Ninguno de estos logros, en ninguna parte, se dio sin la oposición feroz de los sectores conservadores en cada sociedad: Iglesia, partidos y medios de derecha, asociaciones civiles que también estaban en contra del aborto o el divorcio. Todo ello retrasó la adopción de las nuevas leyes. Pero entretanto había evolucionado a grandes pasos la opinión pública, gracias en buena parte a lo que he llamado en otro libro el círculo virtuoso de la visibilidad. En esta perspectiva, la investigación sociológica había demostrado muchos años antes que el hecho de conocer en persona a miembros de alguna minoría "ajena" (judíos, negros, extranjeros, homosexuales, etc.) hacía disminuir de manera significativa su visceral rechazo hacia esa minoría, basada en gran parte en el desconocimiento y por ende el prejuicio.

El movimiento de liberación gay adoptó desde muy temprano la estrategia de hacer visibles a los homosexuales en la sociedad y los medios. De ahí su énfasis, políticamente indispensable, en la salida del clóset. La consigna era hacerse presentes, en todas las áreas de la vida: laboral, profesional, pública y privada. La campaña dio sus frutos. En la medida en que más homosexuales salían del clóset, más heterosexuales conocían a personas gays en su entorno inmediato: familiares, amigos, colegas, vecinos. Y esto les obligaba, de alguna manera, a reconocer que se trataba de gente "normal" como ellos, que llevaban vidas muy parecidas a las de ellos y que evidentemente no eran los seres enfermos, perversos y desgraciados que habían supuesto. Asimismo, la salida del clóset de muchas celebridades en las artes y las letras, el deporte, los medios y la política, les orillaba a reconocer que la homosexualidad no era impedimento para llevar una vida plena ni alcanzar el éxito. Todo ello los llevaba a aceptar cada vez más la homosexualidad en general. Y conforme crecía esa aceptación social, más gente gay salía del clóset porque ya no era tan peligroso hacerlo. De esa manera se dio un círculo virtuoso: salir del clóset significaba que más heterosexuales conocieran a gente gay, lo cual a su vez promovía una mayor aceptación, lo cual hacía que más homosexuales se dieran a conocer como tales... y así sucesivamente.

Por supuesto esta estrategia también llevó a excesos, sobre todo a partir de los noventa, como el *outing* de celebridades contra su voluntad. En esta táctica extrema, la comunidad gay difundía a los medios la homosexualidad de personajes públicos que aún estaban en el clóset. En muchas ocasiones sirvió para develar la hipocresía de religiosos o políticos antigay, que mantenían relaciones homosexuales clandestinas. Pero a veces el *outing* no era más que un acto de revancha personal, que ponía en riesgo el trabajo o incluso la vida de sus víctimas. En todos los casos se trataba de una violación flagrante de la vida privada, en mi opinión condenable aunque políticamente comprensible en esa época. Poco a poco dejó de ser necesaria conforme iba disminuyendo el estigma de la homosexualidad. Hoy es mucho más común que la gente gay salga del clóset por sí misma, aunque a veces sea orillada a ello por los medios amarillistas.

En otra faceta de la creciente visibilidad de los homosexuales, los desfiles del Orgullo gay también tuvieron un gran impacto en la sociedad y en los medios: no sólo el hecho de que saliera a la calle tanta gente gay, en decenas y luego cientos de miles, sino que se unieran a ella contingentes de policías, bomberos y otras profesiones todavía consideradas como hipermasculinas. Asimismo, participaron en los desfiles cada vez más heterosexuales: no únicamente padres, amigos y familiares de gente gay, sino personas que no tenían por qué involucrarse más que para apoyar los derechos humanos de todos.

El factor económico también jugó un papel importante en la aceptación de la homosexualidad. En efecto, desde los años noventa muchas empresas se dieron cuenta de que existía un nicho de mercado inexplorado y sumamente atractivo: el de los homosexuales, sobre todo los hombres. La mayoría de las parejas gay no tenía hijos, y en cambio gozaba de dos ingresos; por tanto, los homosexuales disponían en promedio de más dinero y tiempo libre que sus coetáneos heterosexuales. Desde entonces, numerosos estudios de mercadeo han confirmado que las personas y parejas gays gastan más que estos últimos en bienes y servicios de todo tipo, especialmente en artículos de lujo, que viajan más y acuden con más frecuencia a restaurantes, bares, cines y al teatro. El descubrimiento del llamado "dólar rosa" dio lugar a campañas publicitarias dirigidas al público gay, que mostraban a modelos guapísimos (sobre todo del sexo masculino), a la vanguardia de la moda y rodeados de los placeres de un elevado nivel de vida.

Al mismo tiempo, muchas empresas estadounidenses y transnacionales entendieron que les convenía cultivar no sólo a sus clientes sino también a sus empleados gays, al observar que muchos de ellos estaban más dispuestos a trabajar horas extra y a desplazarse o mudarse que los heterosexuales, al no estar casados ni tener hijos. Además, la prensa gay comenzó a calificar a las empresas según su grado de "gay friendliness", en términos del apoyo que otorgaban a sus empleados gays, como incluir a sus parejas en el seguro médico, etc. Por todo ello, desde los ochenta e incluso antes en algunos casos como IBM y AT&T, muchas corporaciones adoptaron políticas internas a favor de su personal gay, se volvieron *sponsors* de eventos gay e impulsaron campañas publicitarias progay. Sin duda contribuyeron a cambiar la imagen de la homosexualidad, y sería imposible sobreestimar la importancia de su papel en la aceptación social de esta última.

También en los años noventa comenzaron a aparecer personajes secundarios gays en algunas películas y series televisivas, sobre todo en Estados Unidos y Gran Bretaña. Unos años después surgieron series de televisión ya con protagonistas gays que hicieron época, tales como *Queer as Folk* (con personajes masculinos en su mayoría, de 1999 a 2005) y *The L Word* (personajes femeninos, de 2004 a 2009). Los televidentes gays se reunían para verlas cada semana entre amigos, y cada episodio era un acontecimiento del cual se hablaba durante días. Recuerdo discusiones apasionadas sobre las personalidades y las historias de cada personaje; al final de cada programa compartíamos nuestras impresiones, a veces escandalizadas por la representación gráfica de actos sexuales. Las series fueron tema de conversación durante años, porque en ellas veíamos por primera vez en la pantalla chica a gente gay con quienes pudiéramos identificarnos.

Todos estos fenómenos jurídicos, políticos, económicos y culturales se combinaron para dar pie a una transformación inimaginable sólo unos años antes: la creciente aceptación social de la homosexualidad en la mayoría de los países occidentales, sobre todo en Europa y Estados Unidos. En mi caso personal, no sólo lo observé sino que lo viví y paulatinamente lo integré a mi trabajo como psicoterapeuta y escritora.

Capítulo siete

Vida profesional.
La experiencia homosexual

En 1997, tras haber estudiado psicología, hipnoterapia y haberme acercado a la terapia familiar, llevo varios años trabajando con personas gays, hombres y mujeres en proporciones más o menos iguales. He observado algunas cosas que me han llevado a cuestionar lo que aprendí y lo que he escuchado en cursos y conversaciones con psicólogos, terapeutas familiares o de pareja y psicoanalistas.

En primer lugar, para mi sorpresa descubro en mi consulta que casi todos los gays que han visto previamente a terapeutas heterosexuales se sintieron poco comprendidos y poco respetados. Les parece que estos últimos no tenían la menor idea de lo que significa ser gay: ignoraban la jerga, los hábitos, la sexualidad, las formas de relación, la vida cotidiana y los problemas específicos a la población homosexual. Se quejan de haber tenido que enseñar a sus terapeutas anteriores el ABC de la homosexualidad, perdiendo un tiempo valioso (y costoso) para educarlos sobre la vida gay: por ejemplo, cómo funcionan el ligue, el sexo, el clóset, la pareja, la familia de elección, la amistad y el amor entre homosexuales. Han tenido que corregir los prejuicios y "conocimientos" previos de sus terapeutas.

Asimismo, han tenido que resistirse al prioritario interés de estos últimos por averiguar la razón de su homosexualidad. Me dicen: "No entiendo por qué le interesaba tanto indagar por qué soy homosexual. Era como una obsesión de su parte, no sé si quería descubrir una causa para poder curarme, o si era meramente por curiosidad. Pero a mí no me interesa averiguar por qué soy como soy. Yo fui a terapia para resolver mis problemas actuales, de pareja o con mi familia. No me interesaba explorar mi infancia ni el origen de mi orientación sexual. Pero para mi terapeuta parecía ser lo más importante".

Otro aspecto relevante de sus terapias anteriores que me compartían mis consultantes gay, era que siempre daban por sentado que sus terapeutas eran heterosexuales. Lo cual me extrañaba, porque me constaba que algunos de los colegas que me mencionaban eran gays… Pero en ese entonces, el que un terapeuta se identificara como homosexual era casi inconcebible.

Por mi parte, desde el inicio de mi trabajo con gays hace más de 25 años y yendo en contra de la ortodoxia de la época, siempre he dado a entender a mis consultantes homosexuales que yo también lo soy. Sin contarles mi vida ni extenderme sobre el tema, desde la primera sesión me las arreglo para soltar alguna alusión casual al respecto, y la reacción siempre es de sorpresa y alivio: no pensaban que hubiera terapeutas gays, y menos aún que lo expresaran abiertamente. Me gano así su confianza: saben que voy a entender y respetar su narrativa sin necesidad de explicaciones ni justificaciones.

Aprendo, en segundo lugar, que la homosexualidad es muy diferente en hombres y mujeres. Por ejemplo, estas últimas suelen tomar conciencia de su orientación más tarde en la adolescencia o incluso en la edad adultwa. Es así en gran parte porque primero se enamoran en el plano emocional antes de registrar una atracción propiamente sexual con fantasías eróticas y luego actos (masturbación o con otra persona). En los hombres suele suceder lo contrario: primero aparece el deseo físico con fantasías, seguido de actos (masturbación o con otra persona), y luego el enamoramiento emocional. Esta secuencia distinta tiene más que ver con el género que con la orientación sexual: los hombres en general viven la sexualidad de manera muy diferente a las mujeres, y por ende no es sorprendente que también suceda así entre los gays y las lesbianas. Que esto se deba a factores innatos o culturales es irrelevante aquí, aunque con toda seguridad intervienen los dos niveles. Lo importante es no atribuir a la homosexualidad en sí la propensión de los hombres gays a tener relaciones sexuales sin involucrarse emocionalmente, ni tampoco la facilidad con la cual las lesbianas tienden a enamorarse. En los dos casos, se trata de características de género, no de la orientación sexual.

Asimismo, las relaciones de pareja que forman lesbianas y hombres gays suelen ser muy diferentes. Estos últimos con frecuencia tienen aventuras sexuales fuera de la pareja (con o sin su conocimiento), mientras que las mujeres suelen ser más monogámicas. De nuevo, es una cuestión de género, y no de orientación sexual. Asimismo, muchas parejas masculinas mantienen relaciones abiertas, aunque las reglas del juego pueden variar en cada caso. He conocido a parejas masculinas en las cuales se permite tener *affaires*... a condición de decirlo, o bien de no decirlo; o sólo si es a tres; o sólo si es con alguien conocido, o al contrario con un desconocido; o sólo si el encuentro sexual con un tercero sucede en casa, o bien sólo si no sucede en casa...

En cambio, pocas parejas lésbicas aceptan relaciones abiertas, precisamente porque la posibilidad de un involucramiento emocional es mucho mayor, y pondría en riesgo la relación.

Finalmente, en el caso de los hombres a menudo se observan parejas formadas por personas de edades o clases socioeconómicas muy distintas, mientras que las lesbianas suelen relacionarse con mujeres de edades y niveles socioeconómicos similares. La causa tiene que ver con los diferentes entornos en los que unos y otras se mueven y conocen a sus parejas. Por ejemplo, muchos hombres conocieron a su pareja en un bar, espacio público al cual acuden personas de diferentes edades y clases, en un universo de posibilidades extenso y variado. En cambio, muchas lesbianas conocieron a su pareja a través de amistades, la escuela o el trabajo, lo cual constituye un universo de posibilidades más reducido y homogéneo en términos de clase, edad y contexto cultural. Ahora bien, es muy posible que esto cambie en la medida en la que las mujeres (tanto homo como heterosexuales) conozcan a sus eventuales parejas a través de las redes y apps sociales, que pueden poder en contacto a personas de entornos muy diferentes.

En tercer lugar, descubro que el clóset nunca se acaba, por más que uno piense que ya está fuera de él. Aun los homosexuales que ya salieron con sus amistades y familia se encuentran muy seguido en situaciones en las cuales tienen que decidir, una vez más, si conviene abrirse o no, y cómo. En el trabajo, en eventos socia-les, en cumpleaños y fiestas, en realidad cada vez que conocen a alguien por primera vez, abren una cuenta en banco o compran un seguro, deben pesar los pros y los contras de divulgar la existencia de su pareja y por tanto su orientación sexual. El asunto se complica aún más cuando la pareja está en el clóset y no quiere darse a conocer. En un contexto homofóbico como el nuestro, es un problema relativamente frecuente, que puede causar serios desacuerdos y hasta la ruptura de la pareja.

Es por todo ello que el tema del clóset es tan re-currente y medular para casi toda la gente gay. Está en el centro de su relación con el mundo; constituye una parte esencial de su identidad frente a los demás. No es casualidad que una de las primeras preguntas que se hacen los homosexuales jóvenes sea: "¿Lo saben tus papás?", seguida de: "¿Y cómo reaccionaron?" Tam-poco es de sorprender que la narrativa de la salida del clóset sea central para tantos gays, ni que retomen el tema tantas veces con sus amistades. Otra pregunta muy frecuente entre gays es: "¿Cuándo te diste cuen-ta?", seguida de: "¿Y cómo fue tu primera relación?" Los dos eventos constituyen, para muchos homosexua-les, el inicio de su vida real, por oposición a la vida poco significativa o incluso ficticia que llevaban antes. Es por ello que los estudiosos de la homosexualidad hablan de una doble adolescencia: la primera según la edad meramente cronológica, y la segunda de orden afectivo y sexual, que corresponde al inicio de la vida homosexual y que puede ocurrir casi a cualquier edad. He conocido a hombres y mujeres que pasan por esta segunda adolescencia a los 40, 50 y hasta 60 años, a veces con consecuencias desastrosas.

Hasta donde he podido observar, no existe equivalente de ello en la vida de los heterosexuales, o sea, momentos fundacionales en los que por primera vez asumieron su heterosexualidad. Quizá hayan experimentado algo similar la primera vez que se enamoraron cuando se casaron o cuando nacieron sus hijos, pero no son temas que suelan compartir tan seguido como la gente gay, incluso con personas apenas conocidas.

En cuarto lugar aprendo que, al menos entre la población urbana y de clase media con la que trabajo, el problema principal que enfrentan los gays no es en sus espacios de estudio o trabajo, ni con sus amistades: es con su familia. Paradójicamente, el espacio en el cual teóricamente deberían encontrar más apoyo y comprensión resulta ser, para muchos de ellos, el frente más difícil y doloroso en su lucha por la aceptación. Y los más recalcitrantes resultan ser sus padres. Por un lado, lo entiendo: como me lo explicó alguna vez mi

madre: "Soy la que más se preocupa por tu homosexualidad, porque soy quien más te quiere, y a quien más
le importa tu futuro". Por otro lado, me impactan las
narrativas de mis consultantes gays: historias de castigo
y rechazo que a veces me sorprenden en su ignorancia y
virulencia. Como lo escribiré más adelante, estas actitudes evolucionarán mucho en los siguientes años pero,
en mis primeros años como psicoterapeuta, son las más
comunes entre los padres de mis consultantes jóvenes.

En quinto lugar y por lo mismo, concluyo tras
unos años que lo más sano para la gente gay no es necesariamente salir del clóset, yendo en contra de muchos
colegas liberales quienes consideran que el hacerlo es
una condición *sine qua non* de la salud psicológica. Me
parece que cada persona debe pesar con mucho cuidado los pros y los contras de abrirse frente a su familia,
según su propia situación. He visto demasiados casos
de jóvenes que anuncian su orientación sin prepararse,
cuando no era urgente ni necesario, sin pensar en las
posibles consecuencias, y en las peores circunstancias:
eventos familiares, cenas de Navidad, cumpleaños...
Empiezo a preguntarme si no habrá una mejor manera
de hacer las cosas, pero no la encuentro al consultar a
mis profesores y colegas. A partir de mis observaciones
y lecturas estadounidenses, durante los años noventa
articulo poco a poco algunas reglas y estrategias para

ayudar a mis consultantes a salir del clóset de la mejor forma posible.

Todo ello me lleva a descubrir, en sexto lugar, que muchos de mis profesores y colegas —en su mayoría heterosexuales liberales que no tienen (o dicen no tener) problema alguno con la homosexualidad— no sólo desconocen estas interrogantes, características y problemáticas centrales de la vida gay, sino que no les interesa informarse al respecto. La principal razón es ideológica: a partir de una convicción humanista ciertamente loable, consideran que se debe tratar a los consultantes gay exactamente como a los heterosexuales. Creen que todo el mundo —porque al final todos somos humanos— padece los mismos problemas personales, familiares, laborales o de pareja, y que no es necesario ni correcto hacer distinción alguna entre sus consultantes homo y heterosexuales. Después de unos años de trabajar con gente gay, concluyo que no es así y empiezo a tener serios desacuerdos con mis profesores, supervisores y colegas. Decido estudiar el tema a fondo y aprender lo más que pueda a través de la literatura profesional actual y asistiendo a congresos de psicología y terapia familiar en Estados Unidos.

Para ello, creo un grupo informal de lesbianas, que se reúne semanalmente en nuestra casa para compartir experiencias. Una participante, editora en una casa editorial importante, me pide un día evaluar un libro estadounidense sobre la homosexualidad para su posible traducción y publicación en México. Leo el libro y le escribo que, a pesar de ser muy útil, no sería plenamente aplicable a la situación en México, que difiere de la de Estados Unidos por sus costumbres, prejuicios y estructura familiar muy particulares; en todo caso, le sugiero, haría falta para su publicación en México un prefacio que diera cuenta de todas esas diferencias. Para mi sorpresa, su reacción es: "Entonces, ¿por qué mejor no escribes tú un libro?" Acepto el reto y me dedico a leer la investigación actual de varios países; entrevisto a docenas de consultantes y amistades, y empiezo a sacar mis propias conclusiones.

Algunos colegas cuestionan el proyecto, porque no le ven gran sentido. Consideran que no hay diferencia alguna entre los homo y heterosexuales, en lo que respecta a su abordaje terapéutico; o bien, como me dijo alguna vez un colega: "Yo ya sé todo lo que necesito saber sobre el tema". O, como me comentó una psicoanalista: "No entiendo de qué se trata: no hay nada que investigar, ya Freud lo dijo todo", observación que me pareció curiosa, cuando descubrí que el fundador del psicoanálisis no había tenido un solo analizando homosexual asumido como tal, como lo mencioné más arriba. Intento explicarle que en los últimos 20 años ha surgido un vasto corpus de investigación sobre el tema: encuestas a gran escala, características demográficas y sociológicas, prácticas sexuales, patrones de relación y de cohabitación, datos sobre la estructura familiar e infancia de los homosexuales, e incluso estudios longitudinales sobre el ciclo de vida de la población homosexual. De nada sirve enumerar estos datos: encuentro en todos lados el mismo escepticismo sobre mi investigación. Por una parte, la gente gay, por el solo hecho de ser gay, piensa que ya lo sabe todo. Y por la otra, mis colegas heterosexuales no ven la necesidad de un abordaje específico, y también piensan que ya saben todo lo que necesitan saber.

Desde entonces me han preguntado muchas veces si considero necesario que los terapeutas de personas gays sean ellos mismos homosexuales. Creo que puede ser deseable pero no indispensable, así como tiene sentido que un judío prefiera consultar a un judío o un afroamericano a otro afroamericano, por compartir experiencias de vida muy particulares. Si bien es conveniente, en cambio no me parece suficiente, de manera alguna, que el terapeuta que trabaja con gays sea gay. No: además, debe tener los conocimientos especializados acerca del tema, al tratarse de una población con características y necesidades muy específicas. Así como el paidopsicólogo debe conocer a fondo la psicología infantil, y el geriatra los problemas específicos de la tercera edad, creo que el terapeuta que trabaja con gays debe tener los conocimientos requeridos por esa población, y que los consultantes gays deben poder recibir el tratamiento especializado que merecen. Por supuesto, esta idea tampoco es bien recibida por mis colegas, ni homo ni heterosexuales.

Pero me sorprende aún más lo que aprendo al acercarme a la cobertura del tema en los medios masivos mexicanos. La postura más "avanzada", hace un cuarto de siglo, es la que considera la homosexualidad como una enfermedad que, afortunadamente, ya puede curarse: escucho a médicos, psicólogos y otros supuestos expertos hablar de desequilibrios hormonales que se pueden corregir; de condicionamientos aversivos, internamientos psiquiátricos y retiros religiosos para enderezar la orientación sexual. Estas ideas erróneas tienen consecuencias prácticas altamente nocivas: las personas que entrevisto, o con quienes trabajo, reportan en muchos casos haber sido sometidas por sus padres a "tratamientos" más o menos salvajes y, a todas luces, ineficaces.

En gran parte por ello en un principio dirijo *La experiencia homosexual* a los profesionales de la salud y presento, al final de cada capítulo, sugerencias para el trabajo con consultantes gay. Mi mayor esperanza es llegar a los psicoterapeutas, para lograr un efecto multiplicador hacia los homosexuales y sus seres cercanos. Sin embargo, al poco tiempo de la publicación del libro, me enteraré de que sus lectores principales no son los psicólogos sino la misma gente gay y, más tarde, sus familiares. Lo mismo sucederá con su público en Francia, Brasil, Italia y, más recientemente, Letonia, país recién integrado a la Unión Europea con un incipiente movimiento gay.

A partir de la publicación de *La experiencia homosexual* en México en 1999, con frecuencia seré invitada a realizar entrevistas en la radio y televisión, así como para dar conferencias, cursos y talleres en congresos, universidades e institutos de psicoterapia en la Ciudad de México y la provincia. Me llevo varias sorpresas. Sabía que la homosexualidad suscitaba mucho interés en los medios, pero no a tal grado. Concluyo que lo novedoso de mi libro es presentar una visión positiva y por ende radicalmente diferente de lo que han venido diciendo los "expertos" en el tema: médicos, psicólogos y eclesiásticos. Soy requerida porque mi posición es polémica, pero eso no quiere decir que sea aceptada.

Muy pronto me doy cuenta de que al tratar el tema de una manera que considero científica e imparcial, pero que puede parecer excesiva o incluso demasiado militante entre ciertos sectores, me he puesto en una posición muy delicada. Si mi público se entera de que soy lesbiana, mi investigación y mis puntos de vista serán tachados de parciales y por ende inválidos. En cambio, si por omisión doy a pensar que soy heterosexual, los gays podrán considerar que no tengo por qué opinar sobre ellos. Algunos ya me han criticado por haber usado datos extranjeros —sobre todo estadounidenses— y no mexicanos. No ha servido de nada explicarles que sencillamente no existe tal información en México.

De ahí dos decisiones difíciles. Una, opto por mantener distancia con el movimiento y los activistas gays, a pesar de mis simpatías personales. Pienso que el libro y mis presentaciones públicas podrán de todos modos servir a la causa, aunque no participe personalmente en la lucha política por los derechos gays. Y dos, decido abstenerme de explicitar mi orientación sexual en las entrevistas y eventos públicos en los que participo. Afortunadamente, en el transcurso de docenas de entrevistas y presentaciones públicas, nadie me pregunta abiertamente si soy gay. Supongo que es por cortesía y ética profesional, aunque puedo suponer que mi orientación es ampliamente conocida entre los formadores de opinión. Sólo una conductora de radio me interrogará al respecto explícitamente, al aire y en vivo: le responderé que, por principio, no respondo a preguntas personales en el ámbito público. Hoy, en 2019, mi reacción sería otra; pero hace 20 años me parecía importante mantener una posición de neutralidad para salvaguardar la validez y utilidad del libro.

Siempre intento hablar del tema de una manera clara, concisa y accesible. Sin embargo, tanto en conferencias como en los programas de radio y televisión que acogen preguntas y comentarios del auditorio descubro algo que me sorprende y desconcierta: no me estoy dando a entender. No estoy logrando transmitir el mensaje de que la homosexualidad es algo normal y natural, y no una enfermedad. Explico por qué y desde cuándo ya no se considera una patología; presento estudios, nombro a grandes creadores y personajes gays conocidos de todos, cito la opinión de las principales asociaciones de medicina, psicología y psiquiatría en el mundo… No obstante, al final de mis presentaciones, las preguntas del público siempre son las mismas: "¿Cuáles son los síntomas de la homosexualidad? ¿Hay forma de prevenirla? ¿Se puede curar?" Atónita, me pregunto si he estado hablando en chino. Creo que me he expresado en un español correcto y comprensible. Pero resulta evidente que mi mensaje no ha pasado.

Entiendo mejor la reacción de un público de unos 600 maestros de preparatoria en el norte de México, alrededor del año 2002, en una ciudad conocida por su conservadurismo. Cuando les sugiero crear asociaciones de alumnos gays en sus escuelas, para que éstos tengan un lugar seguro en el cual puedan reunirse (siguiendo el ejemplo de muchas preparatorias en Estados Unidos), me increpan por estar en contra de sus valores. Cuando les pregunto si prefieren que sus adolescentes gays tengan un espacio protegido y seguro donde reunirse, o bien mandarlos a los bares y a la calle, me replican airados que en sus comunidades no existe tal perversión. Que sus jóvenes son de buena familia. Que estas cosas quizá sean necesarias en otros países, pero ciertamente no en México.

Poco a poco me doy cuenta de que la homofobia va mucho más allá del rechazo a la homosexualidad. Están en juego valores tradicionales que tienen que ver con los roles de género, la estructura familiar y la religión. Incluyen cierta visión de la modernidad como algo ajeno, como un conjunto de modas y conductas extranjeras —ante todo estadounidenses— que por desgracia han contagiado a la juventud mexicana. En la homofobia intervienen por tanto no sólo el desconocimiento, sino también el machismo, el nacionalismo, la xenofobia, la educación escolar y religiosa y, en suma, un rechazo frontal al cambio y a la globalización. Y entiendo que todos los datos científicos del mundo no bastarán para hacerle frente.

Capítulo ocho

Unión civil y matrimonio.
El machismo invisible

Es por ello que a partir del año 2000 empiezo a estudiar las causas profundas de la homofobia, más allá del simple rechazo a la homosexualidad. Decido concentrarme en el machismo, al encontrar que como regla general las sociedades más machistas son las más homofóbicas; en cambio, a mayor equidad de género, menos homofobia. La correlación es clara y perfectamente mensurable en el mundo entero, a través de los índices de igualdad de género, cifras de educación y empleo femeninas y de violencia contra las mujeres por un lado, y por el otro los crímenes de odio, las leyes, la existencia o no de asociaciones gays, y la representación de la homosexualidad en los medios y la cultura en general.

Aprendo que uno de los pilares del machismo es la extrema diferenciación y polarización de los roles de género: las normas que dictan cómo deben ser, vestir, hablar, pensar, sentir y actuar los hombres, por un lado,

177

y las mujeres, por el otro. En esta visión existen facultades mentales, sentimientos, comportamientos, profesiones y pasatiempos considerados masculinos, y otros femeninos. Hay trabajo de hombres y trabajo de mujeres, aptitudes masculinas y otras femeninas, diferentes formas de comunicarse, objetividad racional masculina versus subjetividad emocional femenina, gustos e intereses distintos para hombres y mujeres. Sobra decir que todas la aptitudes, formas de pensar y profesiones supuestamente masculinas se consideran inherentemente superiores a las femeninas. Además, todas estas categorías se consideran naturales e incluso dictadas por la biología. Por ejemplo, se habla de una diferencia esencial entre el cerebro masculino y el femenino, popularizada en libros como *Los hombres son de Marte, las mujeres son de Venus* de John Gray, publicado en inglés en 1993 pero cuya influencia se extenderá durante mucho tiempo en muchos países.

La investigación me lleva a concluir que tales distinciones "naturales" y de orden orgánico (anatómico, hormonal), son falaces. Recojo ejemplos de diferentes épocas, en las cuales profesiones y pasatiempos ahora considerados "femeninos" fueron en su momento "masculinos", y viceversa. Las secretarias antes eran secretarios; las cajeras de banco antes eran cajeros; hasta fechas recientes los médicos, abogados, chefs, ingenieros, sastres, sólo eran hombres y ahora también son mujeres. Los pasatiempos vistos como femeninos en algunos países machistas son cultivados por hombres en otros: la jardinería es un hobby predilecto entre los hombres ingleses, así como la cocina entre los varones franceses y la ópera entre los italianos.

Entrevisto a más de 100 mujeres y docenas de hombres en México para averiguar cómo piensan, sienten y viven las diferencias de género. Estudio la literatura feminista desde sus inicios. Y poco a poco delimito mi campo de investigación: no voy a escribir sobre la violencia física, la desigualdad jurídica y económica, ni la discriminación educativa y laboral: voy a centrarme en los pequeños gestos, actitudes y costumbres de la vida cotidiana. Los que suelen pasar desapercibidos, porque están tan inscritos en los hábitos que parecen naturales. Los que se experimentan, se dicen y se piensan, pero se cuestionan poco porque todo el mundo los da por sentados. De ahí mi segundo libro, *El machismo invisible*, primero publicado en México en 2003 y luego en otros países.

Tras su publicación, no me sorprenden las reacciones de sus lectoras: recibo centenares de emails aplaudiéndolo, y muchas invitaciones de los medios. Lo que me asombra es la reacción positiva de muchos hombres. Me escriben que nunca antes habían entendido por qué tenían tantos problemas en sus relaciones de pareja, ni por qué les resultaba tan difícil entender a las mujeres. Muchos de ellos llegan a consultarme para mejorar su comunicación con las mujeres, incluso para tener más éxito en sus intentos de seducción. Aprendo que un signo infalible de su postura real frente al otro género es la relación que mantienen con sus familiares del sexo femenino. Algunos, para dar sólo un ejemplo, se dicen feministas pero tratan como sirvientas o sencillamente no les hacen el menor caso a su madre, tías y hermanas. Otros dicen amar y respetar profundamente a las mujeres, pero me miran con asombro cuando les pregunto si tienen amistades femeninas. "¿Para qué?", me preguntan con toda honestidad. "Si no me atrae físicamente, ¿de qué me serviría tenerla de amiga?"

Recibo pocas reacciones negativas por parte de los varones: algunos mails agresivos o incluso amenazantes y, en algunas presentaciones (sobre todo en el norte de México), burlas y objeciones de hombres quienes me declaran que se sienten muy orgullosos de ser machistas y que jamás dejarán de serlo.

Otros me explican que mi análisis no es correcto, porque en su casa "mi mujer manda". Cuando les pregunto en qué áreas, me responden que es así en todo lo referente a la vida doméstica: alimentación y cocina, cuidado de los hijos y del hogar… Me aclaran sin embargo que en lo toca al dinero, cuentas bancarias o inversiones, gastos mayores como la compra de una casa o automóvil, cambios de trabajo o de localidad... son ellos los que deciden. Esto les parece lógico y natural, porque "las mujeres no saben de esas cosas". Y si les pregunto quién conduce, cuando salen con su pareja, me contestan que siempre toman el volante ellos, "porque los hombres manejan mejor que las mujeres". Mantienen su opinión aun cuando les presento los datos que he recopilado de compañías de seguros en todo el mundo, que demuestran que las mujeres manejan mucho mejor que los hombres, es decir, con menos accidentes y conductas riesgosas o ilegales, proporcionalmente hablando y tomando en cuenta que las mujeres pasan menos tiempo al volante.

Suceden cosas que serían graciosas, de no ser tan tristes. En mis cursos y conferencias, nunca falta que algunas mujeres empiecen a llorar cuando hablo del machismo en la comunicación. En cuanto describo cómo muchos hombres mantienen el silencio frente a sus mujeres (madres, hermanas, hijas, esposas o compañeras), y se rehúsan a comunicarles lo que sienten y piensan, o a compartirles los acontecimientos importantes de su vida, siempre hay algunas mujeres en el público que de pronto esconden la cara y empiezan a llorar. Y me doy cuenta de que el silencio de sus hombres les duele, y que no han podido aceptarlo. Muchas de las mujeres que llegan a mi consultorio me explican que su compañero "así es", que es de "carácter fuerte", que no es capaz de expresar sus emociones porque así era su padre, y demás justificaciones típicas de una sociedad machista pero que en realidad no explican nada. Porque entretanto he observado en mi consulta que los hombres son perfectamente capaces de expresarse y de escuchar, que entre ellos sí hablan de las cosas que les importan, y que es sólo con las mujeres de su entorno que se rehusan a compartir lo que les sucede. Una vez más, el problema no son los hombres, sino el machismo. Años después, analizaré el papel de este último en mi libro *Escuchar*, sobre las normas no escritas que rigen el arte de escuchar a los demás.

Empiezo a entender mejor la importancia central y la rigidez normativa de los roles de género. Para ser un "verdadero hombre", para ser una "mujer realizada", existe una serie de reglas inamovibles en todas las áreas de la vida: no sólo comportamientos, sino formas de vestir, sentir, pensar, relacionar y expresarse; trabajos, pasatiempos, gustos e intereses. Muchos interlocutores me objetan que mi punto de vista es obsoleto, que los jóvenes ya no piensan ni actúan igual que antes. Pero me doy cuenta diariamente de que las creencias, expectativas y costumbres no han variado tanto en los hechos como en el discurso. Y vislumbro que las personas que sostienen ideas progresistas acerca de la igualdad de género constituyen apenas una muy pequeña parte de la población. Para la inmensa mayoría, los roles masculino y femenino siguen siendo no sólo vigentes, sino naturales, inmutables e incuestionables.

Poco a poco registro el profundo arraigo del machismo, y por ende de la homofobia, en nuestro país y muchos otros. La correlación entre los dos fenómenos me queda clara: cualquier violación a las reglas que gobiernan los roles de género es severamente juzgada y criticada. Y, en el imaginario colectivo, no hay duda de que los homosexuales rompen todas las reglas. Los hombres gays no son considerados verdaderos hombres, sobre todo si tienen actitudes, gustos o conductas "femeninas", por ejemplo si cuidan mucho su apariencia, les gusta la ópera o la danza, o les divierte ir al mercado y cocinar... actividades que, en una sociedad machista, son "cosas de mujeres", para no decir "cosas de viejas". Por su parte, las lesbianas también violan las reglas sacrosantas acerca de cómo debe comportarse una "verdadera mujer": por lo general no tienen hijos, trabajan de tiempo completo fuera del hogar, no están dedicadas al quehacer doméstico, no "atienden" ni les "dan su lugar" a los hombres como suelen hacerlo las mujeres heterosexuales tradicionales, y están acostumbradas a moverse libremente y a resolver todo tipo de problemas sin acudir a un varón. Asimismo, con frecuencia han tenido que hacerse cargo de tareas "masculinas" que muchas mujeres heterosexuales prefieren dejarles a los hombres: asuntos prácticos de la casa o del automóvil, administración de las finanzas, cuestiones fiscales y legales, etcétera.

Todos estos patrones de conducta de la gente gay se suman a la trasgresión más grave de todas, que es por supuesto la sexual. Que un hombre sienta deseo o enamoramiento por otro, que se deje besar o —peor aún— penetrar por otro, es absolutamente tabú. Que una mujer pueda tener placer sexual con otra, sin necesidad de un hombre; o que juegue un papel supuestamente "masculino" en la cama, usurpando el lugar reservado al hombre, también rompe las reglas del juego. Para mucha gente, estas "violaciones" a los roles de género constituyen una perversión o incluso un crimen, digno de reprobación o castigo. De ahí la persistencia y la virulencia de la homofobia en una sociedad machista. Y es por ello que durante varios años sigo estudiando, hablando, escribiendo a la par sobre los dos temas, en mi opinión indisociables.

Mientras tanto, a principios del nuevo milenio no cabe duda de que la percepción de la homosexualidad ha cambiado en la sociedad mexicana. A pesar del persistente machismo y la desigualdad de género, la lucha incesante de activistas, escritores y artistas, ONG y legisladores comienza a rendir sus frutos.

Surge así una serie de medidas para combatir la discriminación y la homofobia. En 2003 el Congreso federal adopta la Ley Federal para Prevenir y Eliminar la Discriminación, que incluye la orientación sexual como categoría protegida, establece el Consejo Nacional para Prevenir la Discriminación (Conapred), y lanza una campaña contra la homofobia. Una importante enmienda modifica en 2011 el artículo 1° constitucional para prohibir, entre otras, la discriminación basada en la orientación sexual.

También en los primeros años del nuevo milenio se concretan la unión civil y luego el matrimonio entre personas del mismo sexo. Tras varios intentos fallidos, la Ley de Sociedades de Convivencia es aprobada por la legislatura de la capital en 2006 y entra en vigor en 2007; el matrimonio igualitario será aprobado en 2009 y entrará en vigor en 2010. En los dos casos, se trata de leyes restringidas a la Ciudad de México; su adopción en el resto del territorio nacional será lenta y paulatina. Como en otros países y notablemente los Estados Unidos, el matrimonio gay tendrá que llegar a las más altas instancias judiciales para ser aprobado, estado por estado, en toda la República. En 2015 la Suprema Corte de México extenderá la definición del matrimonio para incluir a las parejas del mismo sexo y declarará inconstitucional cualquier ley que lo prohíba, al proclamar "el derecho a la igualdad ante la ley de todas las personas y la prohibición de discriminar por cualquier causa o condición, incluyendo aquella basada en la orientación sexual y la identidad de género, en consonancia con los estándares internacionales de derechos humanos". Esta decisión, aunque todavía requiera de amparos en muchos estados, permitirá la ampliación paulatina del derecho al matrimonio igualitario, hoy legalizado sin restricciones en varios estados y en la Ciudad de México.

En cuanto entra en vigor la Ley de la Sociedad de Convivencia en 2007, Patricia y yo decidimos acogernos a ella. Como ya llevamos 21 años de cohabitación, en un principio vemos la unión civil como un acto meramente administrativo. Para Patricia, iconoclasta como siempre, el hecho jurídico no tiene mayor importancia; a mí me parece un paso indispensable. Le argumento que si no le damos una validez oficial a nuestra relación, no tendré ningún poder de decisión ni de tutela sobre ella en caso de su enfermedad, incapacidad o muerte, y Patricia no tiene familia en México. Y si a mí me pasa algo, mi futuro y el de ella quedarán en manos de mis hermanos, quienes no necesariamente le harán caso ni la incluirán en las decisiones que hubiera que tomar. Ya tenemos en regla nuestros testamentos, que formalizamos a favor una de la otra casi desde el inicio de nuestra relación; ahora toca la unión civil, para salvaguardar nuestro futuro hasta donde sea posible. No es fácil deslindar las cosas. Para mí, la sociedad de convivencia no significa meramente un bonito símbolo de nuestro amor: es una forma de protegernos ante las eventualidades de la vida.

Desde finales de 2006 empezamos a planear nuestra unión civil para marzo de 2007, cuando la ley entre en vigor. Como se trata de la opción más cercana al matrimonio que exista para las parejas del mismo sexo, poco a poco va cobrando el significado de una boda, con todo lo que ello implica. Avisamos a nuestras respectivas familias, para que aparten la fecha del 31 de marzo, y el asunto empieza a crecer y a adquirir dimensiones afectivas y logísticas que no habíamos contemplado. La ceremonia legal tendrá lugar en la delegación Coyoacán, pero como ya vivimos en Cuernavaca, ahí será el festejo. Comienzan a surgir las dudas y preguntas más tradicionales, a pesar de nuestras mejores intenciones. ¿A quiénes invitaremos, y a quiénes no? ¿En qué horario? Muy crucialmente, ¿cómo nos vestiremos? ¿Haremos alguna ceremonia o discursos? ¿Pediremos regalos?

Curiosamente, porque tanto Patricia como yo hemos asistido a varias bodas, no sabemos qué hacer en el caso de la nuestra. Pareciera que estamos partiendo desde cero. No estamos seguras de que nuestras familias y amistades tomarán en serio nuestra unión; no sabemos qué importancia le darán. En nuestros peores momentos, tememos hacer el ridículo. Optamos por acudir a nuestras amistades más cercanas, y en especial a la amiga que nos presentó hace 21 años, para pedir consejo. Con su ayuda, poco a poco vamos tomando decisiones. Al acto oficial, en el Ayuntamiento de Coyoacán, nada más invitaremos a mis hermanos y a una pareja de amigos como testigos. A la comida que haremos en nuestra casa en Cuernavaca días después invitaremos a algunos amigos y vecinos, aparte de nuestras respectivas familias: hermanos, sobrinos, y a mi única tía. Como regalo de bodas, dado que no necesitamos enseres domésticos como sería el caso para una pareja nueva, le pedimos a nuestra mejor amiga, la que nos presentó, que solicite a los invitados una contribución monetaria para poder comprar un cuadro abstracto grande que hemos escogido, en tonos de rojo vivo, que quedará para siempre como un símbolo de nuestra unión. Y compramos trajes de lino blanco con bordados: vestido para Patricia, pantalón y túnica para mí. Nuestras amigas nos prestan la joyería adaptada a ellos, y nos ayudan a diseñar el pastel de bodas con dos símbolos del sexo femenino entrelazados.

El acto oficial en la delegación Coyoacán resulta ser muy emotivo. Casi con lágrimas en los ojos, el juez nos aclara que jamás ha asistido a una unión entre personas del mismo sexo, y nos felicita y abraza una y otra vez por nuestro valor y compromiso. Los únicos presentes somos nosotras y nuestros dos amigos testigos, así como la esposa de mi hermano Andrés, pues me ha avisado un par de horas antes que no podrá asistir por tener que ir a firmar unos papeles relativos a su trabajo. Patricia, muy seria, escucha el discurso del juez mientras que yo, muy inesperadamente, lloro de la emoción. Después de la ceremonia, los cinco vamos a una cantina de Coyoacán para brindar con una copa, y eso es todo.

Conforme se acerca la fecha de la comida de bodas en nuestra casa nos ponemos cada vez más nerviosas. De la familia de Patricia sólo vendrá de Inglaterra su sobrina favorita, quien traerá en su maleta unas copas y candelabros de cristal cortado de parte de los hermanos. De mi lado, asistirán mi hermano Jorge y una prima, no así mi tía, ni mi hermano Andrés, ni mis sobrinos, quienes me envían sus felicitaciones por correo electrónico. Asisten algunos vecinos, amistades y unos amigos queridos de Chihuahua, quienes han viajado a Cuernavaca expresamente para el evento. La colecta ha resultado ser una excelente idea, y podemos comprar el cuadro que habíamos escogido y que sigue, hasta la fecha, en un lugar de honor en nuestra sala. Mis primos de Israel envían flores, y mis hermanos entre los dos nos regalan un televisor de pantalla plana que les solicité. Mi tía nos hace llegar en un sobre, a través de nuestra amiga, un billete de 500 pesos.

Al fin llega el día de la celebración. Nuestras amistades nos ayudan a vestirnos y a tener todo listo: un buffet mexicano en el jardín, con bar y meseros. Nuestra amiga cuenta cómo nos presentó, y luego Patricia y yo hacemos breves discursos un tanto vacilantes y nerviosos. Yo, para quitarle solemnidad al asunto, me he puesto unas orejas de Mickey Mouse con un velo de casada que luego se me olvida quitarme. Partimos el pastel, y luego nos dedicamos a comer y beber con nuestros invitados hasta tarde en la noche. Las dos sentiremos, en los años siguientes, que algo faltó... No intercambiamos anillos, porque no se nos ocurrió. Faltaron sus hermanos, mi hermano Andrés y mi tía, y no podemos dejar de preguntarnos si hubiera sucedido lo mismo de haber sido una pareja heterosexual. No tenemos claro si nosotras mismas no le dimos al evento la importancia que merecía, o si fue de alguna otra manera significativo que hubieran asistido nuestros amigos, mas no nuestros familiares más cercanos. En los años siguientes, tanto Patricia como yo asistiremos a bodas familiares, ante todo de nuestros respectivos sobrinos, que fueron más festejadas y —casi diría— más tomadas en serio desde el "save the date" enviado meses antes, cosa que también hicimos sin lograr la asistencia de nuestros parientes más queridos, salvo las excepciones arriba mencionadas; mi hermano Jorge, una prima mía y una sobrina de Patricia.

Años después y también por razones administrativas, en 2014 registraremos nuestro matrimonio en el mismo Ayuntamiento de Coyoacán. Esta vez no invitaremos a nadie salvo a dos amigos como testigos, ni haremos celebración alguna. Ya llevamos 24 años de relación y el evento ya no tiene el mismo peso emocional. No cabe duda de que nuestro verdadero matrimonio, el que siempre recordaremos, fue unirnos bajo la Ley de Sociedad de Convivencia. Para muchas parejas gay, al igual que para nosotras, esa unión permanecerá como la más significativa al ser el primer reconocimiento oficial de su relación, y seguirá siendo siempre el símbolo de su largamente esperada y plena integración a la sociedad.

Capítulo nueve

50 años de aprendizaje y reflexión

Han pasado 50 años desde la primera vez que me enamoré de una chica, los mismos 50 años desde que inició
el movimiento de liberación gay en Christopher Street
en Nueva York, en junio de 1969. Ejercí durante más
de dos décadas como terapeuta especializada en la temática gay, antes de decidir alejarme de México por un
tiempo. Cuando surgió la oportunidad de ir a trabajar a
Bruselas durante unos años, optamos por hacer un cambio radical y vivir cerca de la familia de Patricia. Fue así
como nos ausentamos de México entre 2014 y 2018.

Nuestro interludio belga me permitió tomar distancia del día a día de mi profesión, y ordenar mis ideas
acerca de todo lo que he aprendido sobre la homosexualidad. Mis dos libros sobre el tema ya me habían
llevado a investigarlo desde varios ángulos: psicológico,
sociológico, demográfico, jurídico, histórico y económico. Además, y sobre todo, mi trabajo con personas gays

y sus padres me dieron conocimientos que no hubiera podido obtener de otra forma. Todo ello, añadido a mi propia experiencia de vida, me ha permitido articular una serie de reflexiones, así como algunos consejos, que presentaré a continuación.

Antes que nada, cabe mencionar que el campo de la homosexualidad ha evolucionado muchísimo en las últimas dos décadas: año con año salen datos y estudios nuevos. Asimismo, existe ya un sinfín de publicaciones y sitios en línea con información actualizada y de fácil acceso. Es por ello que he decidido resaltar aquí lo nuevo, lo que no se sabía hace sólo unos años.

Lo más novedoso ha sido la creciente visibilidad e investigación de asuntos que se conocían poco hace 20 años. Así la bisexualidad que, si bien siempre ha existido, no se había estudiado científicamente y con grandes muestras hasta años recientes. Tampoco se consideraba, como hoy sostienen sus principales asociaciones, que se tratara de una tercera orientación sexual y no meramente de una postura un tanto confusa por parte de personas que, por razones personales o ideológicas, se negaban a ser etiquetadas como homo- u heterosexuales. Hoy, muchísimos jóvenes se identifican como tales; sólo el tiempo dirá cuántos de ellos mantienen esta orientación, y de qué manera, a lo largo del ciclo vital.

Pero sobre todo, en el campo de estudios de género y de la sexualidad, han cobrado mucha presencia los temas del transgénero y del transexualismo. El primero (adoptar conductas y apariencia del otro género) tiene una muy larga historia; pero el segundo (el cambio del sexo anatómico para que coincida con la identidad de género, a través de intervenciones hormonales y quirúrgicas) es un fenómeno reciente, porque su manejo médico sencillamente no existía o no era permitido, hasta hace relativamente poco.

En años recientes los transgéneros y transexuales en varios países se han organizado para exigir derechos jurídicos y civiles (como poder cambiar su nombre y sexo en documentos oficiales y para defenderse de la discriminación en muchas áreas, incluyendo por ejemplo su estatus en el deporte). Han surgido al respecto grandes controversias, sobre todo en Estados Unidos: ¿pueden los transgéneros y transexuales formar parte de las fuerzas armadas? En las escuelas, universidades e instituciones públicas, ¿deben usar los sanitarios de su sexo de nacimiento, o los de su sexo de elección? En las competencias deportivas, ¿pueden elegir participar según su identidad de género, o con base en su sexo biológico original? Si se casan, ¿se trata de un matrimonio hetero u homosexual? ¿Pueden y deben enmendarse retrospectivamente todos sus documentos legales, desde su acta de nacimiento hasta sus diplomas y datos bancarios? El tema ha suscitado innumerables debates, dudas e incógnitas, y se ha vuelto después de los derechos gay ya conquistados un nuevo frente en las guerras culturales que dividen a las sociedades occidentales, de nuevo, sobre todo en Estados Unidos.

En sus inicios, los movimientos constituidos por bisexuales, transgéneros y transexuales formaron parte de la lucha por los derechos gay: de ahí la sigla LGBTT y sus añadidos ulteriores. Esta categorización ha seguido evolucionando en años recientes. Por ejemplo, durante mucho tiempo los activistas y estudiosos gays consideraron que la bisexualidad no era nada más que una homosexualidad clandestina o latente. Sustentaban que las personas que se decían bisexuales eran, en realidad, homosexuales que no se atrevían a asumirlo. Los propios bisexuales, que fueron conformando poco a poco una identidad propia, argumentaron que no eran ni homo ni heterosexuales, sino algo esencialmente diferente, y poco a poco se fueron distinguiendo del movimiento gay.

Acerca de este tema, sólo quisiera añadir una observación personal: los bisexuales adultos que he conocido sólo lo son en el plano sexual. Es decir, pueden sentir deseo y tener relaciones satisfactorias con hombres o mujeres más o menos indistintamente, pero suelen enamorarse sólo de un lado. Si bien pueden acostarse y sentir placer con ambos sexos, en general se involucran emocionalmente sólo con mujeres o bien con hombres. Son bisexuales en la cama, pero no en su corazón. Esto confirma algo que los sexólogos entendieron hace muchos años: la sexualidad no es meramente un asunto de sábanas. Ni la homosexualidad, ni la heterosexualidad, ni la bisexualidad, se limitan al erotismo, ni se deben definir únicamente en función de ello. Es mucho más importante, en mi opinión, el amor, y éste no se transfiere con tanta facilidad. En mi caso personal, he experimentado placer tanto con hombres como con mujeres, pero jamás me he enamorado de un hombre como de las mujeres a las que he querido. Tampoco he sentido nunca que era algo que pudiera yo escoger o decidir; en este campo como en muchos otros, he seguido los dictados de mi corazón.

He conocido a algunos hombres travestis que en ocasiones se visten y comportan como mujeres; nunca he conocido a una mujer que quiera o pretenda pasar por un hombre. Como el objeto sexual de los primeros es masculino, es posible que en muchos casos se trate, más allá de un gusto personal, de una forma de evadir la homofobia imperante: esto les permite a sus parejas supuestamente heterosexuales tener encuentros

197

homosexuales sin reconocerlo, dado que sus conquistas "parecen" mujeres. Incluso pueden decirse a sí mismos que "no sabían" que se trataba de hombres disfrazados de mujeres. Esta supuesta confusión ha dado lugar, en muchos casos, a crímenes violentos e incluso homicidios, cuando se dan cuenta de que su "acostón" con una mujer en realidad fue con un hombre. Los travestis y transgéneros masculinos viven, por tanto, en un estado de riesgo permanente.

En lo que se refiere al transexualismo, debo confesar que no lo he estudiado a fondo. He leído algunos libros y artículos al respecto, sobre todo desde que se volvió un tema recurrente en las noticias, y he conocido a algunos transexuales. Sin embargo, me es difícil entender o imaginar lo que pueden sentir al experimentar su sexo anatómico como algo ajeno, sin relación con su identidad de género esencial. Lo único que me queda claro es que el transexualismo no tiene que ver con la orientación sexual: hay transexuales —sean del sexo biológico masculino o femenino— que tras su reasignación se relacionan con hombres, y otros con mujeres. Algunos resultan ser homosexuales, y otros heterosexuales. Entiendo que su lucha por el respeto y por sus derechos civiles se haya identificado en un inicio con el movimiento gay, al buscar un reconocimiento social y jurídico: se trata de una población discriminada que merece un trato igualitario en todas las áreas de la vida. Sin embargo, no es un tema en el cual haya profundizado, a pesar de su importancia y de mi solidaridad sin reservas.

Todo ello para observar que el campo de los estudios de género y de la sexualidad se ha expandido y enriquecido enormemente en los últimos 20 años. Asimismo, la percepción social de la homosexualidad ha evolucionado hacia una mayor aceptación, en México como en muchos otros países occidentales. La he observado de primera mano en mi trabajo con personas gays a través de los años: tanto en su actitud, como en la de sus padres cuando se trata de homosexuales adolescentes y jóvenes.

Para dar un primer ejemplo de cómo han cambiado las cosas, mencionaré la postura de los padres de jóvenes gays que me consultaron entre 1992 y 2014, año en el cual suspendí mi consulta por irme de México durante un tiempo. Hace 20 años, tras la primera publicación de *La experiencia homosexual*, empezaron a consultarme muchos padres de adolescentes y jóvenes gays. Su principal objetivo era averiguar si existía alguna cura de tipo hormonal o bien a través de la prohibición, la amenaza, el castigo, mandar al hijo fuera del país, o incluso a través de la hipnosis… Sencillamente no podían aceptar que su hijo o hija fuera homosexual. Buscaban en primer lugar el porqué de la homosexualidad de su hijo o hija: me reportaban antecedentes familiares de enfermedad mental, sospechas de abuso sexual infantil o "malas compañías", como causas posibles. Los papás culpaban a sus esposas de haber mimado y sobreprotegido al hijo; las mamás le reprochaban a su marido el no haber estado presente para inculcarle al hijo una identidad y conductas propiamente masculinas.

En esa época, mi única herramienta era intentar explicarles que la homosexualidad ya no se consideraba una patología, que no existía forma alguna de cambiar la orientación sexual y que cualquier intento que hicieran en ese sentido sería no sólo fútil sino contraproducente. Examinábamos luego posibles opciones en su forma de abordar el tema y de reaccionar frente a su hijo. Les recomendaba algunas lecturas y les pedía no precipitarse. Algunos padres de familia aceptaban lo que les decía y poco a poco suavizaban su actitud, otros no. Algunos —los más abiertos— me mandaban a sus hijos, seguramente con la esperanza de que cambiarían, y otros no.

En años más recientes empecé a notar una actitud diferente en los padres de familia que me consultaban. Cada vez más, me aclaraban que no les importaba que su hijo o hija fuera gay —aunque hubieran preferido que no lo fuera— y me preguntaban de qué manera podían apoyarlo y mostrarle su solidaridad. La mayoría de ellos realmente no sabía cómo abordar el asunto: si debía hablar del tema con su hijo o no, intentar conocer a la pareja y amistades gays de este último o no, compartirlo con el resto de la familia o no, permitir que su hijo pasara la noche fuera de la casa o no... Yo les respondía que no existían reglas predeterminadas, y que lo mejor era dejarse guiar por su hijo y preguntarle todo lo que no les quedara claro. En cambio, les aclaraba, el querer apoyar a su hijo no debía implicar abandonar toda disciplina: si las reglas de la casa decían que los hijos debían llegar antes de cierta hora, o si no permitían que sus demás hijos trajeran a dormir a su pareja, entonces el hijo gay tenía que respetarlas. No tenían por qué hacer excepciones con él, sino tratarlo como hubieran tratado a un hijo heterosexual de la misma edad en términos de permisos, derechos y obligaciones. Les decía esto porque había conocido casos en los cuales los padres eran especialmente permisivos con un hijo o hija gay, para mostrarle su apoyo: por ejemplo, le permitían a la hija lesbiana dormir con su pareja, cuando jamás hubieran tolerado que lo hiciera con un varón; o dejaban que el hijo regresara a casa a cualquier hora de la noche o que no llegara, para que no se sintiera reprimido o discriminado.

Por supuesto, aunque cada vez menos, también seguía viendo casos de padres que rechazaban por completo la homosexualidad de su hijo o hija. Ni siquiera estaban dispuestos a informarse sobre el tema, se echaban la culpa uno al otro, y no sabían qué hacer al respecto. Preguntaban por tratamientos hormonales, clínicas, retiros religiosos… Planteaban asimismo cambiar al hijo o hijo de escuela, o enviarlo a estudiar fuera del país. Lo único que les quedaba claro era que no iban a permitir ni tolerar que su hijo fuera homosexual.

Para estos padres desarrollé una serie de preguntas. Pero antes les compartía una observación empírica: "Nada más quiero decirles que si ustedes no aceptan a su hijo, lo van a perder. Yo llevo muchos años en esto, he conocido a cientos de jóvenes gays, y les aseguro que, si no lo aceptan, su hijo acabará por alejarse de ustedes. Ya no les compartirá las cosas importantes de su vida, en cuanto pueda se irá de la casa, dejará poco a poco de ir a las reuniones familiares y lo verán cada vez menos".

Me miraban pasmados, y tras una breve pausa les decía: "De modo que la única pregunta es ésta: ¿Prefieren guardar a su hijo cerca, o perderlo?" Casi todos respondían que de ninguna manera querían perderlo.

Continuaba: "Entonces, lo van a tener que aceptar, no veo otra opción. La siguiente pregunta es por tanto, ¿cuánto tiempo necesitan?"

Silencio. Sólo se miraban, atónitos, sin contestar.

"¿Les parece 10 años? He conocido a padres que se tardaron 10 años en aceptar a su hijo. ¿O quieren más tiempo?"

Esta vez, respondían de inmediato: "No, claro que no, 10 años es mucho".

"¿Necesitan cinco años?"

"No, es demasiado."

"¿Dos años?"

"No, es mucho."

"Entonces, ¿un año?"

"¿No podríamos ir más rápido?"

"Claro, ¿qué les parece tres meses?"

"Ah no, eso es demasiado pronto."

"Digamos entonces, ¿seis meses? Así tienen tiempo para pensar bien las cosas."

"Sí, está bien seis meses."

"Ok, entonces la siguiente pregunta es: ¿quieren que el proceso sea fácil y armonioso, o difícil y conflictivo?"

"¡Pues claro que fácil y armonioso!"

"Perfecto. En ese caso ya podemos ponernos a trabajar. Ustedes van a tomarse el tiempo que necesiten, y sólo les voy a pedir una cosa: que durante el proceso no digan ni hagan nada irreparable. No herir a su hijo ni herirse, ni por supuesto correrlo… Y yo, por mi parte, les voy a ayudar a manejar la situación para que no se dañe la relación entre ustedes y su hijo, ni entre ustedes. ¿Les parece?"

"Sí, nos parece muy bien."

Tras haber obtenido su acuerdo, terminaba la sesión sin darles tiempo de suscitar más preguntas ni objeciones. La inmensa mayoría de los padres que aceptaban este arreglo regresaba, a veces con el hijo, y lográbamos negociar soluciones: reglas del juego, incluyendo sexo seguro en el caso de los varones, relaciones familiares y sociales, acuerdos para el futuro. Por lo general, el conflicto se resolvía en tres o cuatro sesiones, y el proceso terminaba mucho antes de los seis meses estipulados.

Es así como fui desarrollando técnicas específicamente diseñadas para la gente gay y sus padres. Cabe mencionar que siempre, desde un inicio, resultaba necesario responder a las interrogantes de los padres acerca de las causas de la homosexualidad, por dos razones. Primero, porque pensaban que descubrir la causa podía llevar a una cura y cambiar la orientación sexual de su hijo. Convencerlos de que no era así comportaba varios pasos: explicar que no se trataba de una enfermedad, que los posibles orígenes eran imposibles de determinar, y recordarles que el hijo mismo no quería cambiar —lo cual, a final de cuentas, obviaba todo lo demás. En segundo lugar, era indispensable combatir el sentimiento de culpa de los padres, quienes por lo regular se acusaban uno al otro, o bien señalaban sus propios errores u omisiones en la crianza de su hijo. Me quedaba claro que la culpa era un obstáculo a la aceptación: había que neutralizarla lo antes posible. La meta terapéutica era siempre resolver el conflicto en el presente y planear el futuro, sin referencia al pasado.

Otro caso muy frecuente fue el de los padres que me consultaban acerca de sus hijos varones que presentaban conductas "femeninas": se ponían la ropa de la madre o de la hermana, se pintaban las uñas, mostraban un gusto marcado por las muñecas o la cocina... Venían a verme padres de niños de entre cuatro y 10 años de edad, sumamente preocupados por su posible homosexualidad. En algunos casos, me eran referidos por pediatras; en otros, me llegaban a través de mis entrevistas en los medios. También vi cierta evolución en este tema a lo largo de los años, aunque no mucha. Al día de hoy, me siguen escribiendo padres de familia con esta duda.

En estos casos mi estrategia terapéutica se centraba básicamente en cuatro puntos. En primer lugar, era necesario explicar la diferencia entre transexualismo y homosexualidad, y eliminar la primera posibilidad a través de varias preguntas que la investigación actual señala como indicativos, aunque sean de alcance limitado en los niños prepubescentes. En segundo lugar, era indispensable señalar que la homosexualidad no suele conformarse antes de la adolescencia, y que es imposible predecir una orientación sexual futura. En tercer lugar, les preguntaba si reaccionarían de la misma manera si su hija tuviera conductas "masculinas": si prefiriera vestir de pantalón, si le gustara el beisbol o le interesara la mecánica… Siempre me contestaban lo mismo: "¡Claro que no! ¡Nos parecería formidable que nuestra hija jugara beisbol o tuviera curiosidad por la mecánica! Y que se vista como quiera, ¡de hecho casi siempre anda de pantalón!" Entonces les preguntaba: "Y si para una niña está bien tener conductas supuestamente masculinas, ¿por qué ven tan mal que un niño tenga conductas supuestamente femeninas?" Casi siempre acababan por reconocer que su preocupación por su hijo era excesiva, o en todo caso prematura. En cuarto lugar, les preguntaba qué actitud tendrían si su hijo resultara ser homosexual dentro de 10 años. ¿Lo querrían igual? Casi todos me respondían que sí, pero que de todos modos les preocuparía su bienestar, por el rechazo social y el estigma. Entonces les comentaba que dentro de 10 años, si se mantenían las tendencias actuales, la homosexualidad ya sería aceptada por la mayor parte de la sociedad. Y les mencionaba de paso que, si su hijo no resultaba ser homosexual, tendría mucho éxito con las mujeres porque sería un hombre sensible que habría aprendido algunas habilidades muy apreciadas como saber cocinar, bailar o vestirse bien…

Finalmente, en quinto lugar, cuando me objetaban que su niño "afeminado" sufría de persecución y bullying en la escuela, les pedía explicarle que hay algunas cosas que se pueden hacer en casa, pero no afuera. Así como no se puede andar desnudo en la escuela ni hacer pipí en público, también hay conductas que son exclusivamente para la casa, como vestirse de falda o maquillarse. Pero conviene tratarlas como juegos, igual que si el niño se viste de bombero, de Superman o Batman: nadie, ni el mismo niño, cree que realmente sea Superman. ¿Por qué no aplicar el mismo criterio cuando se viste de niña, aclarándole que eso no significa que realmente sea niña, y que además no es buena idea hacerlo fuera de casa? Con estos argumentos lograba tranquilizar a la mayoría de los padres. Pero lo principal era ganar tiempo y ayudar a los padres a entender que, en todo caso, no serviría de nada someter a su hijo a terapias ni tratamientos que sólo le harían pensar que se había portado mal o que tenía alguna enfermedad, cuando lo único que había hecho era pintarse las uñas.

Otro cambio importante que pude observar en años recientes fue la actitud de los mismos gays que me consultaban, sobre todo los jóvenes. Casi todos aceptaban con gran naturalidad su orientación sexual: no les parecía extraña, y mucho menos patológica. No les interesaba indagar sus causas, ni sentían necesidad alguna de estudiar el tema. Casi todos ya habían tenido experiencias sexuales o enamoramientos con personas del mismo sexo. La mayoría había compartido su orientación con sus amistades cercanas sin haber sido rechazados. Muchos, sin embargo, no se identificaban como exclusivamente homosexuales, sino más bien como "heteroflexibles", es decir, abiertos a relacionarse con personas de los dos sexos. Mencionaban que la bisexualidad era común o incluso estaba de moda entre sus compañeros de escuela. Aun así, casi todos reportaban que tenían, o temían tener, problemas con sus padres.

Aquí podemos observar la persistencia de una importante división generacional entre los jóvenes actuales y la generación anterior de los mismos gays, así como los padres de familia, maestros o profesionales de la salud. Básicamente, las personas nacidas después de 1985 más o menos, que cursaron la adolescencia después del año 2000, albergan una actitud radicalmente diferente frente a la homo o bisexualidad. Podemos suponer que esta división entre las generaciones se irá borrando paulatinamente, cuando estos jóvenes a su vez se vuelvan adultos y padres, maestros y profesionales de la salud. Esto no quiere decir que desaparecerá la homofobia: después de todo, la población homosexual nunca dejará de ser una muy pequeña minoría y seguirá siendo, como todas las minorías, objeto de repudio y discriminación. Además, es muy probable que sigan siendo diferentes de los heterosexuales en muchos aspectos: en su gran mayoría, no tendrán hijos (sobre todo los hombres), con todo lo que ello implica en términos de sus modalidades de pareja, profesiones, y sus relaciones familiares y sociales. Habrá cada vez más aceptación, pero no una asimilación completa a la sociedad heterosexual. Siempre serán diferentes. Lo más importante es que puedan escoger libremente su forma de vivir, y tener todos los derechos de los cuales disfrutan las personas, parejas y familias heterosexuales.

Otra sorpresa que me llevé durante mis años como terapeuta fue observar muchos casos de cambio de orientación sexual. Conocí al menos a unas 40 personas (casi todas mujeres) que, habiendo sido heterosexuales toda la vida, de pronto se enamoraban de alguien del mismo sexo. No estoy hablando de una homosexualidad oculta, en personas que desde siempre habían mantenido en secreto sus relaciones homosexuales y que decidían un día salir del clóset y asumir una vida gay. Tampoco me estoy refiriendo a personas que hayan tenido una vida heterosexual infeliz, al no poder asumir —por razones familiares, sociales o eco-nómicas— que en realidad eran homosexuales. Ni estoy hablando de mujeres adolescentes o jóvenes, que muy naturalmente hayan pasado por una etapa transitoria de confusión acerca de su sexualidad, ni tampoco de una fase de experimentación pasajera. Las mujeres que me compartían esta situación eran plenamente adultas: la mayoría de ellas tenía más de 40 años de edad, y al-gunas más de 50 y 60 años.

Se trataba de mujeres que siempre se habían iden-tificado como heterosexuales y habían tenido matrimo-nios felices durante muchos años; que jamás habían experimentado fantasías, deseos ni enamoramientos con alguien del mismo sexo. Pero un día creaban una amistad con una mujer, se volvían cada vez más íntimas, iba creciendo entre ellas el deseo y el enamoramiento, y al fin hacían el amor. Después surgían dudas, confu-sión, remordimiento e incluso pánico: pero entretanto se habían enamorado con pasión.

Muchas veces he comentado esta situación con mis colegas. Todos me han dicho que no es posible que personas heterosexuales se vuelvan de pronto homo-sexuales, y que seguramente había desde tiempo atrás indicios de una homosexualidad latente, por defini-ción inconsciente y por ende desconocida por ellas. Sin embargo, a pesar de mis interrogatorios detallados y cuidadosos, las mujeres en cuestión me reportaban jamás haber tenido sueños, fantasías, acercamientos eróticos ni enamoramientos con nadie del mismo sexo. En cambio, se habían enamorado de hombres, disfrutado del sexo con ellos y tenido relaciones heterosexuales satisfactorias, y haber tenido buenos matrimonios.

Esto me planteaba un dilema de orden no sólo epistemológico sino ético: ¿creer o no lo que la gente dice? Los psicoanalistas me explicaban que no hay que creerle, porque nadie puede saber lo que sucede en su inconsciente. Los psicólogos me decían que no es posible cambiar de orientación sexual. Sin embargo, yo veía cada más casos de este tipo. Por fin, tras haber conocido a más de 40 mujeres en esta situación, tuve que rendirme ante la evidencia, aunque contradijera todas las teorías acerca de la orientación sexual. En particular, iba en contra de todas las explicaciones tradicionales de la homosexualidad (genéticas, prenatales, psicológicas, psicoanalíticas). Porque si la orientación es innata, o si deriva de experiencias vividas en la infancia o adolescencia, ¿cómo es posible que luego cambie, y además en mujeres que toda la vida han tenido buenas relaciones heterosexuales?

Algunos colegas me objetaron que seguramente se trataba de mujeres frustradas o aburridas que, en un *acting out* pasajero, buscaban tener una aventura exótica y prohibida. Pero esa explicación no era suficiente, por dos razones. En primer lugar, las mujeres en cuestión se convertían en homosexuales para siempre: en ningún caso supe que volvieran atrás. Aunque su enamoramiento lésbico fracasara, después seguirían relacionándose con mujeres. En segundo lugar, ninguna de las mujeres en esta situación lo hacía por gusto o curiosidad, ni por llevar a cabo un experimento exótico. Al contrario, sentían terror por lo que les estaba sucediendo, que vivían como algo fuera de su voluntad. No entendían cómo podían enamorarse apasionadamente de una mujer; luchaban en contra de sus sentimientos, e intentaban repetidamente ponerle fin a la relación. Tenían mucho que perder si no lo lograban: si le daban cabida a una relación lésbica corrían el riesgo de perder a su marido, hijos y familia de origen, así como su reputación, su casa, seguridad económica y hasta su trabajo.

Observé muchos casos en los cuales sucedió todo esto. O el marido se enteró y mandó seguir a su esposa para conseguir pruebas y después poder quitarle la custodia de los hijos; o los mismos hijos, al enterarse, rechazaron a su madre; o la familia de origen (padres y hermanos) dejaron de hablarle y la desheredaron, o tuvo que irse del país. Por todos estos riesgos muy reales, con estas mujeres siempre intenté frenar las cosas, sopesar con ellas las posibles consecuencias y examinar, en el peor de los casos, la opción de una relación secreta hasta ver si su amorío resultaba ser viable y duradero, o no.

En la gran mayoría de los casos, mis intentos por ganar tiempo fracasaron: las mujeres (y los pocos hombres) que conocí en esta situación decidieron, casi todos, quemar sus naves y seguir los dictados de su corazón a cualquier precio. Algunos lograron mantener su nueva relación contra viento y marea, y otros no. Casi todos, hombres y mujeres, perdieron su matrimonio y, en algunos casos, a sus hijos y familia de origen, así como su casa. Era como si, aun teniendo más de 40, 50 o 60 años de edad, estuvieran reviviendo la adolescencia con toda la pasión, intensidad e impulsividad propias de esa fase juvenil. Como lo mencioné arriba, algunos autores han hablado de una "segunda adolescencia" cuando la gente adulta asume su orientación homosexual real y sale del clóset, pero en estos casos ni siquiera se podía hablar de una homosexualidad preexistente. Nunca encontré huella de tal orientación oculta en sueños, fantasías, deseos ni sentimientos. Por fin llegué a la conclusión de que se trataba de un fenómeno no sólo psicológico sino cultural, social y económico: habíamos llegado a una época en la cual tales cambios de orientación se habían vuelto posibles por primera vez. Es probable que siempre hubiera existido esa potencialidad, sin que pudiera concretarse en los hechos. Gracias a la evolución en las leyes, la recién conquistada libertad de movimiento y autonomía económica de las mujeres, se había vuelto más factible para ellas enamorarse fuera del matrimonio y eventualmente separarse, para bien y para mal.

Todos estos cambios, impensables hace sólo 20 años, me llevaron paulatinamente a cambiar mi forma de trabajar. Tuve que poner de lado muchas de las teorías que había aprendido durante mi formación. También tuve que dejar de acudir a mis propios recuerdos y experiencias personales, para intentar comprender lo que escuchaba en mi consulta. Muchas cosas que me habían parecido axiomáticas ya no venían al caso. Tuve que asimilar las nuevas formas de relación, las nuevas modalidades del clóset, las implicaciones del matrimonio y la parentalidad gays, la bisexualidad y el transexualismo, e incluso informarme sobre las nuevas drogas que se habían puesto de moda entre los jóvenes, tanto hetero como homosexuales. En muchas áreas, tuve que revisar mis propios valores y prejuicios. Sobre todo, poco a poco tuve que actualizar los consejos que les daba a mis consultantes acerca de la homosexualidad y de la forma de vivirla bien, como lo detallaré a continuación.

En la medida en que la homosexualidad se "normalizaba" en los medios y la sociedad, se volvía imprescindible que los mismos gays la vivieran con naturalidad. Esto significaba —dentro de los límites de su entorno— dejar de ocultar o avergonzarse de su orientación, pero también dejar de ponerla en el centro de su relación con los demás. Por ejemplo, si salían del clóset, hacerlo sin grandes aspavientos ni explicaciones: asumir que no tenía nada raro ser homosexual, y hablar de ello con la misma naturalidad con la cual sus amigos heterosexuales compartían sus propias experiencias. Asimismo, me parecía importante que no cayeran en la tentación de querer suscitar lástima en sus interlocutores: que evitaran presentarse como víctimas, aunque hubieran sido objetos de burla o agresiones en el pasado. Esto por tres razones: mirar hacia adelante y no hacia atrás, lograr una mayor inserción social basada en la igualdad y no en la compasión, y promover la idea de que la homosexualidad no tiene por qué ser un problema ni causarle conflicto a nadie. Me parecía crucial que vivieran su orientación con dignidad y ya no desde una posición de debilidad.

Asimismo, conforme los gays iban adquiriendo derechos igualitarios y una ciudadanía plena, les recordaba que esta última implica no sólo derechos sino también obligaciones. Así como otras minorías históricamente discriminadas siempre han tenido que hacer un esfuerzo extra para lograr la aceptación social, a los homosexuales también les tocaba ahora darse a respetar y renunciar a algunas conductas que quizá habían sido comprensibles durante cierta época, como la frecuentación diaria de los bares, la promiscuidad y el abuso de sustancias (sobre todo en los hombres). En una palabra, había llegado el momento de dejar atrás la adolescencia perpetua que había formado parte del gran movimiento de liberación sexual y luego de la liberación gay. Era hora de dejar la fiesta y regresar a casa. Bien sé que muchos compañeros gay no estarán de acuerdo con esta visión de la responsabilidad cívica; sin embargo, creo que la inserción social y la conquista de derechos plenos implicará y requerirá, cada vez más, este cambio en los hábitos del mundo gay.

A la vez, me parecía importante recordarles a mis consultantes homosexuales que, al exigir comprensión y respeto por parte de los heterosexuales, debían darse a la tarea de explicitar a estos últimos lo que esperaban de ellos. Por ejemplo, aclararles si debían o no mencionar su orientación o su situación doméstica a terceras personas, y preguntarles si tenían dudas o preguntas sobre cómo tratarlos a ellos o a su pareja. Como lo vimos anteriormente, mucha gente heterosexual no sabe bien a bien cómo socializar con la gente gay en esta época de transición, en la cual la homosexualidad —y no sólo los homosexuales— está saliendo del clóset después de siglos de ocultamiento. En todo caso, si unos u otros tenían dudas acerca de las reglas del juego o del trato frente a amistades o familiares, resultaba indispensable decirlo y conversarlo explícitamente.

Asimismo, convenía tener muy presentes todas las formas de la homofobia y no dejarlas pasar, como parte de la educación continua de ambas partes: no aceptar bromas ni estereotipos homofóbicos, combatir el prejuicio y actuar en consecuencia. Si eso significa dejar atrás algunas amistades o dejar de frecuentar ciertos medios, así tendrá que ser. No es fácil. En lo personal, durante mucho tiempo guardé silencio frente a comentarios racistas, misóginos, homofóbicos o antisemitas, por no querer ser "mala onda". En la actualidad, si las circunstancias no me permiten confrontar directamente tales comentarios, sencillamente tomo nota y dejo de frecuentar a esas personas.

Es importante subrayar que, si bien la homofobia verbal abierta (insultos, burla, etc.) ya no es tan aceptada como antes, aun la gente más liberal a veces incurre en una homofobia *lite* que también es necesario combatir. Consiste sobre todo en estereotipos, como dar por sentado que los hombres gay son afeminados o que las lesbianas odian o temen a los varones. O creer que en toda pareja homosexual hay un "hombre" y una "mujer". O pensar que los homosexuales son por definición promiscuos e inmaduros, y que sus relaciones son inherentemente efímeras e inestables. O creer que todos los homosexuales se lamentan de serlo y hubieran preferido ser heterosexuales, o que desearían ser del otro sexo.

Otro ejemplo de homofobia *lite*: minimizar o burlarse de sus amistades gay, que para muchos homosexuales constituyen su familia de elección. He escuchado a algunos colegas mencionar que los gays son "muy gregarios" y que pasan demasiado tiempo con sus amigos gays por ser "muy necesitados", como si los heterosexuales no necesitaran también la relación social y la red de apoyo que suelen tener con su familia, ni pasaran con ella gran parte de su tiempo libre. Para los gays, la amistad con otros gays es primordial; con frecuencia encuentran en ellos la comprensión, el respeto y el apoyo que no tienen con sus familiares de sangre. En muchos casos, sus amistades son las personas que mejor los conocen, con quienes pueden ser abiertos y espontáneos, y con quienes saben que contarían en cualquier circunstancia, no así, lamentablemente, con su familia de origen.

Para regresar al tema de los estereotipos que siguen vigentes en nuestra sociedad y que considero formas de homofobia *lite* especialmente perniciosas, casi todos ellos son falsos. Sobre todo, son hirientes. Infantilizan a los homosexuales al atribuirles un "estilo de vida" que no es más que una copia fallida de la heterosexualidad, y los definen como menores de edad que no conocen el "verdadero" amor, matrimonio, familia, masculinidad o feminidad. Éstas son algunas de las formas de homofobia encubierta que he podido observar, y que siguen siendo un obstáculo al pleno respeto —es decir, a la igualdad real y no sólo de palabra— hacia la gente gay.

Es por todo ello que es tan importante para todos nosotros combatir la homofobia en toda circunstancia: bromas, insultos, estereotipos. No por altruismo ni por lástima, sino por respeto a todas la minorías. Cabe recordar que la homofobia suele ir de la mano con la misoginia, el machismo, el racismo, el antisemitismo, la xenofobia y demás prejuicios que tanto dañan no sólo a las minorías discriminadas, sino a toda nuestra sociedad. Cabe recordar que todos formamos parte de una minoría u otra: los que no somos gay o trans somos judíos, gordos, negros, indígenas, extranjeros, o de alguna otra manera diferentes de la mayoría. El respeto a los gays es por tanto un asunto de derechos humanos universales que nos atañe a todos.

Pero es indispensable no caer tampoco en la política de identidad o en una visión identitaria, que sólo sirve para aislar y dividir a las minorías entre ellas. Así como a los heterosexuales les incumbe luchar por los derechos gay, a los homosexuales les incumbe luchar por los derechos de las minorías étnicas o de las mujeres. Creo que ése es el único camino hacia una sociedad plenamente igualitaria.

No puedo dejar de preguntarme si he sido, en lo personal, víctima de la homofobia. La respuesta es compleja. Por un lado, nunca la he padecido de forma directa. Tanto por mi situación privilegiada en muchos sentidos, como por haber vivido siempre mi orientación de manera abierta sin intentar ocultarla, nunca he sido objeto de agresión física ni verbal. Nunca he sido corrida de ningún lugar o trabajo por mi homosexualidad. Por otro lado, este texto habrá dejado en claro que casi todas mis parejas fueron muy maltratadas por sus respectivas familias, lo cual, inevitablemente, las lastimó y afectó nuestras relaciones. No sé cómo hubiera sido diferente mi vida si los padres de Anastasia, Jenny y Patricia hubieran aceptado su homosexualidad sin causarles y causarnos tanto dolor.

También es cierto que nunca sabré si mi homosexualidad limitó mis oportunidades profesionales: si bien pienso que algunos de mis colegas dejaron de recomendarme por ser gay, en cambio tuve a muchos consultantes, fui invitada a dar cursos y conferencias y a participar en entrevistas precisamente por mi especialización en la temática gay. En lo social, estoy segura de que mi orientación nunca fue un obstáculo para mis amistades. Ahora bien, es muy posible que hubiera tenido más amigos de no ser lesbiana. Y en lo familiar, en términos generales he sido muy afortunada, sobre todo con mis padres.

Sin embargo, todo ello lo he constatado directamente: no sé, ni tengo forma de saber lo que la gente a mi alrededor haya comentado o pensado de mí a través de las últimas cinco décadas. No dudo de que mi inserción social hubiera sido muy diferente de haber sido heterosexual. Confieso además que he extrañado a veces tener la ayuda que muchas mujeres reciben de sus hombres: los compañeros, maridos o hermanos cuya presencia cuenta tanto, y abre tantas puertas, en una sociedad machista como la nuestra. No cabe duda de que mi vida hubiera sido más fácil, en muchos sentidos, de haber contado con el apoyo de algún hombre.

También es cierto que, al no haber tenido hijos (cosa que nunca deseé, aunque Patricia sí durante cierta época), se vislumbra para nosotras un futuro bastante solitario. Casi todas las amigas de nuestra edad tienen hijos y nietos y por tanto, aunque muchas estén divorciadas, mantienen una vida familiar que nosotras dejamos de tener hace muchos años con nuestras familias de origen, sobre todo tras la muerte de nuestros respectivos padres, y que jamás volveremos a tener.

221

No se trata de tener un apoyo económico o a alguien que nos cuide en la vejez: pocas amigas nuestras contarán con ello por parte de sus hijos. Antes bien, es la compañía, el afecto y la sensación de pertenencia que nos faltarán. Pero ése es el precio que habremos pagado por vivir el amor de manera distinta y al margen de la sociedad. En cambio, habremos gozado de una independencia que pocas mujeres logran alcanzar. Hemos estudiado y trabajado sin pedirle permiso a nadie, compartiendo las tareas y decisiones de la vida de una manera igualitaria; hemos podido viajar y vivir en otro país, y hemos disfrutado de una calidad de vida que jamás hubiéramos podido permitirnos de haber tenido hijos, sin hablar de la permanente preocupación que ello implica.

Una pregunta final: ¿lamento ser homosexual? La respuesta es contundente: jamás lo he lamentado. Asumí desde hace mucho tiempo que la independencia tiene un alto costo. Y aprendí a transformar mi situación marginal en una ventaja, tanto en términos personales como profesionales. Vivir fuera de los parámetros convencionales de la sociedad me ha dado un ángulo de observación y análisis que quizá no hubiera tenido de otra forma, lo cual me ha permitido escribir no sólo sobre la homosexualidad, sino sobre el machismo, el arte de la escucha y las relaciones virtuales.

Por supuesto, nada de esto fue claro ni planeado desde un principio. Cuando empecé a estudiar psicología, nunca pensé especializarme en la homosexualidad. Pero muy pronto me di cuenta de que había mucho que aprender y construir en ese campo. Además de interesarme, el estudiar y escribir sobre el tema me ha permitido serle útil a muchas personas, tanto consultantes como estudiantes, colegas y demás público interesado. Me tocó la suerte de nacer a mediados del siglo XX, de tal manera que mi biografía personal se ha empalmado paso a paso con la historia de la homosexualidad. Mi experiencia en cuanto lesbiana —que ahora cumple 50 años— ha coincidido exactamente con los avances en la inserción social de los homosexuales desde el inicio del movimiento de liberación gay, que este año también cumple 50 años.

¿Qué sigue, en la creciente aceptación y "normalización" de la homosexualidad en la sociedad occidental? Muchos autores y activistas temen que se pierdan la identidad y las formas de expresión específicamente gays. Durante mucho tiempo —siglos— la marginación y el ocultamiento dieron lugar a una visión radicalmente crítica e iconoclasta, a un sentido del humor y a una riqueza cultural nacida del vivir a la vez fuera y dentro de la sociedad. Porque los homosexuales nunca han sido una minoría como las demás: su orientación no se les nota como el color de la piel, no se limita a una clase socioeconómica, no tiene que ver con el nivel de estudios ni otros indicadores demográficos. Por tanto, los homosexuales siempre han formado parte de la sociedad, a la vez que han sido una población aparte. Esta doble pertenencia se ha traducido en una vivencia e identidad propias, que se irán perdiendo conforme los gays se incorporen, cada vez más, a las convenciones de la sociedad heterosexual.

Este proceso, y esta paulatina pérdida de una identidad propia, no se limitan de manera alguna a los homosexuales. Otros grupos con una cultura tradicional particular también se preguntan, hoy, hasta qué punto su asimilación a la cultura occidental laica, consumista y globalizada afectará, a la larga, su misma identidad. Judíos, negros, católicos, e incluso sectores importantes de la población en países como Francia o Reino Unido, albergan sentimientos encontrados hacia su incorporación a un estilo de vida homogeneizado, para no decir hegemónico.

Asimismo, la creciente integración de los homosexuales a los hábitos y a la cultura de la sociedad heterosexual tendrá sus pros y sus contras. Sin embargo la pregunta, en mi opinión, no es si los gays deben o no adoptar las costumbres y las instituciones de la vida heterosexual: si deben o no casarse, por ejemplo. Lo crucial es que puedan escoger. Que tengan los mismos derechos y oportunidades, y que cada quien decida cómo quiere vivir.

Otro dilema actual sumamente controvertido se encuentra en la investigación acerca de las causas de la homosexualidad. A pesar de que no se ha encontrado ninguna respuesta —o quizá, precisamente por ello— la pregunta sigue vigente. Básicamente, existen dos explicaciones. La que hoy tiene más peso es la esencialista: es decir, que la gente es homosexual por razones innatas (genéticas o prenatales), desde su nacimiento. Esta posición no está de manera alguna comprobada científicamente, pero ha ganado terreno en el seno del movimiento gay por razones ideológicas y políticas. Si la gente es inherente o biológicamente gay, entonces no se puede hacer nada al respecto ni se le puede culpar por su orientación. No se trata de una elección, ni de una decisión como tal. En Estados Unidos y otros países, esto significa que los homosexuales pueden, en términos estrictamente jurídicos, ser considerados como víctimas de discriminación y crímenes de odio. Si les fuera posible cambiar de orientación, si su homosexualidad fuera una elección o "preferencia", perderían esa protección bajo la ley. En cambio, si se tratara de una opción libremente elegida, tendrían cierta validez las terapias de conversión que han proliferado en algunos países, y que pretenden volver heterosexuales a los homosexuales. Tales terapias han sido no sólo desacreditadas sino condenadas —como coercitivas y peligrosas— por las principales asociaciones psicológicas, psiquiátricas y médicas en los países occidentales. Es en gran parte por todo ello que los luchadores por los derechos gay han tomado partido por la explicación esencialista.

La otra vertiente en la búsqueda actual de las causas de la homosexualidad se basa, ciertamente desde Freud, en la historia personal y social: desarrollo psicosexual en la infancia y adolescencia, estructura familiar, experiencias de vida, posibles abusos sexuales, influencias culturales y sociales... Tampoco está científicamente comprobada: nadie ha encontrado algún factor vivencial que siempre esté presente en los homosexuales, sean hombres o mujeres.

Supongo que una combinación de los dos niveles de explicación acabará por ser aceptada. En mi opinión no existe, hoy por hoy, ninguna explicación de la homosexualidad. Si fuera innata, teóricamente no sería posible que la gente cambiara de orientación como lo he descrito antes. Ni tampoco habría cada vez más personas que se identifican como bisexuales. Y si fuera únicamente el resultado de la historia personal y del entorno sociocultural más o menos tolerante, no tendrían sentido las estadísticas según las cuales entre 3 y 5% de todas las poblaciones estudiadas hasta ahora es homosexual: igual en Suecia que en Francia o Estados Unidos —cifra constante que apunta hacia algún factor genético al igual que, por ejemplo, la proporción de gente zurda—. Cabe mencionar que los estudios de gemelos idénticos no han arrojado resultados concluyentes: si bien dos gemelos monocigóticos tienen obligatoriamente los ojos del mismo color, no necesariamente comparten la misma orientación sexual.

En lo personal, jamás me ha parecido importante ni necesario averiguar los orígenes de mi orientación. Lo que he buscado siempre, en mi propia vida como en mi trabajo con gente gay, es encontrar la mejor manera de vivir bien la homosexualidad. Porque, como ya será evidente para cualquier lector de este libro, todas mis reflexiones acerca de la homosexualidad parten de una premisa fundamental: que se puede ser gay y llevar una vida plena, productiva y feliz. Hay costos, y los seguirá habiendo porque la población gay nunca pasará de ser una muy pequeña minoría, y porque se ha observado que todo avance en los derechos gay conduce a una reacción homofóbica: rechazo, crímenes de odio e intentos por revocar las leyes igualitarias. Me parece indispensable, por tanto, no dar nada por sentado. Los jóvenes gays actuales, así como muchas mujeres jóvenes, con demasiada facilidad piensan que la liberación gay y el feminismo ya llegaron para quedarse. Pero no hemos alcanzado, ni de lejos, el final de esta historia; y creo que en la actualidad ninguna minoría discriminada debe sentirse definitivamente a salvo.

En conclusión, la homosexualidad, lejos de ser un atributo esencial y estático, está en plena evolución histórica. Dicho sea de paso, tampoco la heterosexualidad es la misma ahora que hace algunas décadas. Los parámetros, los roles de género, las reglas del juego, las actitudes, creencias y conductas de antes sencillamente ya no vienen al caso, ni en la hetero ni en la homosexualidad. Están apareciendo modelos de masculinidad y feminidad y formas de relación totalmente novedosas, cuya evolución es imposible de predecir. Asimismo, el internet está cambiando radicalmente la manera en la que la gente se conoce, se comunica y se empareja. Y cada vez más personas mantienen relaciones virtuales, que irán desarrollando su propio significado y formas de interactuar. Por todo ello, puedo suponer que en unos años la homosexualidad ya no tendrá nada de raro en comparación con las demás formas de amor y sexualidad que están surgiendo día con día.

En realidad, nada de esto debe sorprendernos. En un mundo en el cual hasta las características y limitaciones físicas de hombres y mujeres cambian con cada hazaña deportiva; en el cual nuestras facultades de memoria, atención y concentración están cambiando, para bien y para mal, gracias al internet y a la comunicación instantánea; en el cual los roles de género, el matrimonio y la familia se han transformado radicalmente, ¿por qué debe sorprendernos que tanto la orientación sexual como la identidad de género se hayan vuelto más fluidos, más variables, de lo que jamás hubiéramos imaginado hace sólo 20 años?

Me ha tocado la gran fortuna de haber experimentado y presenciado estas transformaciones, que han sido determinantes tanto en mi vida como en la historia social de las últimas cinco décadas. De haber nacido sólo 15 años antes o 15 después, mi experiencia hubiera sido muy diferente. A lo largo de este testimonio he intentado poner en relieve la conexión permanente entre ambos niveles. Lo que he vivido hubiera sido imposible sin la liberación gay; pero esta última sería irrelevante si no repercutiera en la vivencia individual de homosexuales como yo. Como bien lo dijeron las feministas hace 50 años, lo personal es político y lo político, personal. Espero que los lectores de este texto

229

—tanto hetero como homosexuales— encuentren en él ecos de su propia experiencia, y que les ayude a reflexionar sobre lo que significa vivir en una época de cambios radicales ante un futuro impredecible—para bien y para mal.

Una vida homosexual de Marina Castañeda
se terminó de imprimir en el mes de octubre de 2019
en los talleres de
Diversidad Gráfica S.A. de C.V.
Privada de Av. 11 #4-5 Col. El Vergel, Iztapalapa,
C.P. 09880, Ciudad de México.